7

RECUEIL

DES

Lois, Décrets, Sénatus-Consultes et Actes Législatifs,

PAR

F.-M. SELLIER,

Avocat à Paris, ancien Notaire à Vermenton, Auteur du *Manuel des Notaires*,
Professeur de Notariat, autorisé par décision prise le 26 septembre 1849, par le Ministre de l'Instruction publique,
de l'avis du Conseil de l'Université.

Un cahier par mois de 4 pages in-4°, à double colonne, en petit texte.

PRIX de l'abonnement annuel, franc de port.   3 fr.

TOME 1er ET 2e.

COLLECTION DES ANNÉES 1855 ET 1856.   4 FR.

A Paris : à la librairie de Jurisprudence | Au Bureau du Manuel des Notaires,
de Cotillon, rue Soufflot, n° 23.   rue des Grands-Augustins, 5, (près le
Pont-Neuf).

Sens. — Imp. de Ph. CHAPU.

RECUEIL

DES

Lois, Décrets, Sénatus-Consultes et Actes Législatifs

PAR

F.-M. SELLIER,

AVOCAT, ANCIEN NOTAIRE A VERMENTON, (YONNE).

TOME PREMIER.

PARIS:

Au Bureau du Manuel des Notaires; rue des Grands-Augustins, n. 5, près le Pont-Neuf.

Sens.—Imp. de Ph. CHAPU, Grande-Rue, 148.

RECUEIL

DES

Lois, Décrets, Sénatus-Consultes et Actes Législatifs

PAR

F.-M. SELLIER,

Ancien Notaire à Vermenton (Yonne); Professeur titulaire de Notariat, autorisé par décision du Ministre de l'Instruction publique, de l'avis du Conseil de l'Université,

Auteur du Manuel des Notaires, du Journal y faisant suite, et du Commentaire de la loi du 5 juin 1850,
sur le timbre des Effets et Bordereaux de commerce, des Actions dans les sociétés, compagnies et entreprises, des obligations négociables
des départements, communes, établissements publics et compagnies, et des Polices d'assurances.

ART. 1.

ENSEIGNEMENT SUPÉRIEUR. — RÉGIME.— FACULTÉS. —
ÉCOLES PRÉPARATOIRES.

22 août 1854, promulg. le 1 oct. suiv. — Décret impérial sur le régime des établissements d'enseignement supérieur (Bull. des lois, n. 1938.)

NAPOLÉON, etc.; — Sur le rapport de notre ministre de l'instruction publique et des cultes;—Vu les lois du 19 vent. et du 24 germ. an 11, la loi du 22 vent. an 12, les arrêtés du 20 prair. et du 25 therm. an 11, le décret du 4e jour complémentaire an 12, le décret du 17 fév. 1809, l'ord. du 27 sept. 1840, le décret du 10 avril 1852; — Vu le tit. 2 de la loi du 14 juin 1854, relatif aux établissements d'enseignement supérieur ; — Vu l'avis du conseil impérial de l'instruction publique ; — Le conseil d'État entendu, — Avons décrété, etc. :

TIT. 1. — DISPOSITIONS GÉNÉRALES.

Art. 1. Les recettes des établissements d'enseignement supérieur chargés de la collation des grades, se composent :

1° Du produit des droits d'immatriculation, d'inscription, d'examen, de certificat de capacité et d'aptitude, de diplôme et de visa spéciaux ;
2° De la subvention allouée chaque année par le budget général de l'État à l'enseignement supérieur.

Elles sont versées au compte du service spécial des établissements d'enseignement supérieur, dans les caisses du trésor public qui continue d'effectuer le paiement des dépenses sur ordonnances du ministre de l'instruction publique et des cultes.

2. Les rétributions perçues dans les établissements d'enseignement supérieur chargés de la collation des grades sont obligatoires ou facultatives.

Les rétributions obligatoires sont :
1° Les droits d'immatriculation dans les facultés des sciences pour les aspirans au certificat de capacité de sciences appliquées ;
2° Les droits d'inscription aux cours des facultés et des écoles supérieures de pharmacie ;
3° Les droits d'examen ;
4° Les droits de certificat de capacité ;
5° Les droits de certificat d'aptitude;
6° Les droits de diplôme ;
7° Les droits de visa spécial.
Les rétributions facultatives sont :
Les droits pour les conférences, manipulations et exercices pratiques en dehors des cours, dans les établissements où ces moyens accessoires d'instruction sont organisés.
Les frais matériels des manipulations sont à la charge des étudiants.

3. Les droits d'immatriculation sont payés en même temps que la première inscription.

Les droits d'inscription sont payés d'avance, au commencement de chaque trimestre ; ils sont acquis au compte du service spécial des établissements d'enseignement supérieur, même quand l'étudiant a encouru la perte d'une ou plusieurs inscriptions par mesure disciplinaire.

Les droits d'examens sont versés par les étudiants au moment où ils s'inscrivent pour subir l'examen.

Ces droits sont acquis au compte du service spécial des établissements d'enseignement supérieur, quel que soit le résultat de l'examen. L'étudiant qui, sans cause légitime dûment constatée, ne répond pas à l'appel de son nom le jour qui lui a été fixé, perd le montant des droits d'examen qu'il a versés.

Les droits de certificat de capacité et de visa, de certificat d'aptitude et de diplôme sont perçus en même temps que les droits d'examen auxquels ils correspondent ; ils sont remboursés aux étudiants qui n'auraient pas été jugés dignes du certificat de capacité ou du certificat d'aptitude.

Les rétributions facultatives sont perçues par trimestre et d'avance, savoir : trois dixièmes pour chacun des trois premiers trimestres, un dixième pour le quatrième.

4. Lorsqu'il y a lieu de délivrer un duplicata, le requérant ne peut l'obtenir qu'en payant la moitié du droit porté au présent décret pour le diplôme, le certificat de capacité ou d'aptitude dont il réclame une nouvelle expédition.

5. Les gradués des universités étrangères ne peuvent jouir du bénéfice de la décision qui déclarerait leurs grades équivalents aux grades français correspondants, sans avoir acquitté intégralement, au compte du service spécial des établissements d'enseignement supérieur, les frais d'inscription, d'examen, de certificat d'aptitude et de diplôme qu'auraient payés les nationaux.

6. Des remises ou des modérations de droits peuvent être accordées aux étudiants des facultés qui se distingueraient par leurs succès ou qui par leur position de famille, auraient des titres à cette faveur. Les remises sont prononcées par le ministre de l'instruction publique et des cultes, après avis des facultés.

De semblables remises pourront être accordées aux gradués des universités étrangères.

7. Les élèves des facultés de droit peuvent remplacer l'un des cours qu'ils sont tenus de suivre près d'une faculté des lettres par un cours de la faculté de théologie ou par un cours de la faculté des sciences.

Ils seront, en ce cas, admis à s'inscrire sans frais, soit à la faculté des sciences, soit à la faculté de théologie, sur la représentation de la quittance constatant leur inscription à la faculté des lettres en exécution de l'art. 15 du décret du 10 avril 1852.

TIT. 2.— Dispositions spéciales aux facultés des lettres, aux facultés des sciences et aux écoles préparatoires a l'enseignement supérieur des sciences et des lettres.

Sect. 1. — Des facultés des lettres.

8. Les droits à percevoir dans les facultés des lettres sont fixés ainsi qu'il suit :

Rétributions obligatoires.

fr.

Baccalauréat.	Examen	40
	Certificat d'aptitude	20
	Diplôme	40
(A)	Total	100

Licence	Inscriptions (quatre à 10 fr.)	40
	Examen	40
	Certificat d'aptitude	20
	Diplôme	40
(B)	Total	140

Doctorat.	Examen	80
	Certificat d'aptitude	20
	Diplôme	40
(C)	Total	140

Inscriptions à un ou deux cours des facultés des lettres, obligatoires pour les étudiants des facultés de droit (douze à 10 fr.). (D). . . 120

Rétributions facultatives.

Conférences pour les aspirants à la licence ès-lettres ; rétribution annuelle. 150

Sect. 2. — Des facultés des sciences.

9. Les droits à percevoir dans les facultés des sciences sont fixés ainsi qu'il suit :

Rétributions obligatoires.

fr.

Capacité pour les sciences appliquées.	Droit d'immatriculation.	100
	Inscriptions (huit à 10 fr.)	80
	Examens (deux à 60 fr.)	120
	Certificat de capacité.	75
	Visa du certificat.	25
	Total	400

Baccalauréat.	Examen.	40
	Certificat d'aptitude.	20
	Diplôme.	40
(E)	Total	100

(A) Au lieu de 60 fr. qui étaient dûs précédemment:—différence 40 fr.

(B) Au lieu de 120 fr. — différence 20 fr.

(C) Au lieu de 72 fr. — différence 68 fr.

(D) Ces 12 inscriptions ne coûtaient antérieurement que 3 fr. l'une, soit 36 fr. — différence 84 fr

(E) Au lieu de 60 fr. — différence 40 fr.

Licence.	Inscriptions (quatre à 10 fr.)	40
	Examen.	40
	Certificat d'aptitude.	20
	Diplôme.	40
(A)	Total	140

Doctorat.	Examen.	80
	Certificat d'aptitude.	20
	Diplôme.	40
(B)	Total	140

Rétributions facultatives.

Conférences, manipulations et exercices pratiques pour les étudiants des facultés des sciences; rétribution annuelle. 150

Sect. 3. — Des écoles préparatoires à l'enseignement supérieur des sciences et des lettres.

10. Les écoles préparatoires à l'enseignement supérieur des sciences et des lettres peuvent délivrer, comme les facultés des sciences, mais sous la présidence d'un professeur desdites facultés, des certificats de capacité pour les sciences appliquées, aux jeunes gens qui auront pris dix inscriptions trimestrielles aux cours desdites écoles.

Un arrêté délibéré en conseil impérial de l'instruction publique déterminera la composition des jurys d'examen, l'époque de leur réunion, la répartition des droits de présence entre les professeurs, et généralement tous les moyens d'exécution des dispositions portées au paragraphe précédent.

11. Indépendamment, 1° des droits d'inscription perçus pour le compte des caisses municipales et qui sont déterminés par le budget de chaque école ; 2° des droits d'examen, partagés entre les examinateurs et dont le taux est de 60 fr. par examen, les droits à payer au compte du service spécial des établissements d'enseignement supérieur par les aspirants aux certificats de capacité pour les sciences appliquées sont fixés ainsi qu'il suit :

Rétributions obligatoires.

fr.

Complément de 5 fr. par inscription (dix inscript.)	50
Certificat de capacité.	75
Visa du certificat.	25
Total.	150

TIT. 3. — Dispositions spéciales aux facultés de médecine, aux écoles supérieures de pharmacie et aux écoles préparatoires de médecine et de pharmacie.

12. Les étudiants des facultés de médecine ne sont admis à prendre la cinquième, la neuvième et la treizième inscription, qu'après avoir subi avec succès un examen de fin d'année. Ils ne sont admis aux examens de fin d'études qu'après l'expiration du dernier trimestre de la quatrième année d'études.

Les douze premières inscriptions dans la faculté de médecine peuvent être compensées par quatorze inscriptions prises dans une école préparatoire de médecine et de pharmacie, moyennant un supplément de 5 fr. par inscription. Les élèves des écoles préparatoires ne peuvent convertir plus de quatorze inscriptions de ces écoles en inscriptions de facultés.

13. Les droits à percevoir dans les facultés de médecine sont fixés ainsi qu'il suit :

Rétributions obligatoires.

fr.

Doctorat en médecine.	Inscriptions (seize à 30 fr.)	480
	Trois examens de fin d'année (30 fr. par examen)	90
	Cinq examens de fin d'études (50 fr. par examen)	250
	Cinq certificats d'aptitude (40 fr. par certificat)	200
	Thèse.	100
	Certificat d'aptitude.	40
	Diplôme.	100
(C)	Total	1,260

(A) Au lieu de 72 fr. — Différence 68 fr.

(B) Au lieu de 72 fr. — Différence 120 fr.

(C) Au lieu de 1,100 fr. — Différence 100 fr.

Certificat de sage-femme.	Deux examens (40 fr. par examen).	80
	Certificat d'aptitude.	40
	Visa du certificat.	10
(A)	Total.	130

Rétributions facultatives.

Conférences, exercices pratiques et manipulations pour les aspirants au doctorat en médecine ; rétribution annuelle. 150

14. Les écoles supérieures de pharmacie confèrent le titre de pharmacien de première classe et le certificat d'aptitude à la profession d'herboriste de première classe.

Elles délivrent, en outre, mais seulement pour les départements compris dans leur ressort, les certificats d'aptitude pour les professions de pharmacien et d'herboriste de deuxième classe.

Les pharmaciens et les herboristes de première classe peuvent exercer leur profession dans toute l'étendue du territoire français.

15. Les aspirants au titre de pharmacien de première classe doivent justifier de trois années d'études dans une école supérieure de pharmacie et de trois années de stage dans une officine.

Il ne sera exigé qu'une seule année d'études dans une école supérieure de pharmacie des candidats qui auraient pris dix inscriptions aux cours d'une école préparatoire de médecine et de pharmacie. La compensation aura lieu moyennant un supplément de 5 fr. par inscription d'école préparatoire.

Les aspirants au titre de pharmacien de première classe ne peuvent prendre la première inscription, soit dans les écoles supérieures, soit dans les écoles préparatoires de médecine et de pharmacie, que s'ils sont pourvus du grade de bachelier ès-sciences.

16. Les droits à percevoir dans les écoles supérieures de pharmacie sont fixés ainsi qu'il suit :

Rétributions obligatoires.

Titre de pharmacien de 1re classe.		fr.
	Inscriptions (douze à 30 fr.).	360
	Travaux pratiques pendant les trois années (100 fr. par année.	300
	Cinq examens semestriels (30 fr. par examen).	150
	Les deux premiers examens de fin d'études (80 fr. par examen).	160
	Le troisième examen de fin d'études.	200
	Trois certificats d'aptitude (40 fr. par certificat)	120
	Diplôme.	100
(B)	Total.	1,390

Certificat d'herboriste de 1re classe.	Examen.	50
	Certificat d'aptitude.	40
	Visa du certificat d'aptitude.	10
	Total	100

Rétributions facultatives.

Conférences, exercices pratiques et manipulations pour les aspirants au titre de pharmacien de 1re classe ; rétribution annuelle. 150

17. Les jurys médicaux cesseront leurs fonctions au 1er janvier prochain, en ce qui concerne la délivrance des certificats d'aptitude pour les professions d'officier de santé, sage-femme, pharmacien et herboriste de deuxième classe.

A partir de cette époque, les certificats d'aptitude pour la profession d'officier de santé et celle de sage-femme seront délivrés, soit par les facultés de médecine de Paris, Montpellier et Strasbourg, soit par les écoles préparatoires de médecine et de pharmacie, sous la présidence d'un professeur de l'une des facultés de médecine.

A partir de la même époque, les certificats d'aptitude pour les professions de pharmacien et d'herboriste de deuxième classe seront délivrés, soit par les écoles supérieures de pharmacie, soit par les écoles préparatoires de médecine et de pharmacie, sous la présidence d'un professeur de l'une des écoles supérieures de pharmacie.

18. Un arrêté du ministre de l'instruction publique délibéré en conseil impérial de l'instruction publique déterminera la circonscription des facultés de médecine, écoles supérieures de pharmacie et écoles préparatoires de médecine et de pharmacie, chargées de la délivrance

---

(A) Au lieu de 120 fr. — Différence 10 fr.
(B) Au lieu de 1,308 fr. à Paris, et de 1,208 fr. dans les départements.

---

des certificats d'aptitude pour les professions mentionnées en l'article précédent, la composition des jurys d'examen, l'époque de leur réunion, la répartition des droits de présence entre les professeurs, et généralement tous les moyens d'exécution dudit article.

19. En exécution des art. 29 et 54 de la loi du 19 vent. an 11 et de l'art. 24 de la loi du 21 germ. an 11, les officiers de santé, les pharmaciens de deuxième classe, les sages-femmes et les herboristes de deuxième classe, pourvus des diplômes ou certificats d'aptitude délivrés, soit par les anciens jurys médicaux, soit d'après les règles déterminées par les art. 17 et 18 ci-dessus, ne peuvent, comme par le passé, exercer leur profession que dans le département pour lequel ils ont été reçus. S'ils veulent exercer dans un autre département, ils doivent subir de nouveaux examens et obtenir un nouveau certificat d'aptitude.

20. Les aspirants au titre d'officier de santé doivent justifier de douze inscriptions dans une faculté de médecine ou de quatorze inscriptions dans une école préparatoire de médecine et de pharmacie. La compensation entre les inscriptions dans les facultés et celles prises dans les écoles préparatoires aura lieu moyennant un droit de 5 fr. par inscription.

Cette condition de scolarité ne sera pas imposée aux aspirants qui auront subi avec succès, à l'époque de la promulgation du présent décret, le premier des examens exigé des officiers de santé.

Les aspirants au titre de pharmacien de deuxième classe doivent justifier :

1° De six années de stage en pharmacie ;
2° De quatre inscriptions dans une école supérieure de pharmacie ou de six inscriptions dans une école préparatoire de médecine et de pharmacie.

Deux années de stage pourront être compensées par quatre inscriptions dans une école supérieure de pharmacie ou, moyennant un supplément de 5 fr., par six inscriptions dans une école préparatoire de médecine et de pharmacie, sans que le stage puisse, dans aucun cas, être réduit à moins de quatre années.

21. L'excédant des frais d'examen, prélèvement fait des droits de présence des examinateurs, qui était antérieurement perçu au compte des caisses départementales, le sera à l'avenir, soit au compte du service spécial des établissements d'enseignement supérieur, pour les examens passés devant les facultés de médecine et les écoles supérieures de pharmacie, soit au profit des caisses municipales, pour les examens passés devant les écoles préparatoires de médecine et de pharmacie.

Indépendamment de ces frais, qui restent fixés au même taux que précédemment, il sera perçu, pour le compte du service spécial des établissements d'enseignement supérieur, les droits ci-après :

Rétributions obligatoires,

Officiers de santé.		fr.
	Inscriptions de la faculté de médecine (douze à 30 fr.).	360
	Trois certificats d'aptitude (40 fr. par certificat).	120
	Diplôme.	100
(A)	Total.	580

Pharmaciens de 2e classe.	Inscriptions de l'école supérieure de pharmacie (quatre à 30 fr.)	120
	Épreuves pratiques.	120
	Trois certificats d'aptitude (40 fr. par certificat).	120
	Diplôme.	100
(B)	Total.	460

Herboriste de 2e classe.	Certificat d'aptitude.	40
	Visa du certificat.	10
(C)	Total.	50

Sages-femmes.	Certificat d'aptitude.	20
	Visa du certificat.	5
(D)	Total.	25

(A) Au lieu de 460 fr. à Paris et 410 fr. dans les départements.
(B) Au lieu de 50 fr. — Différence 410 fr.
(C) Droit nouveau.
(D) Droit nouveau.

TIT. 4. — Dispositions spéciales aux facultés de droit.

22. Les droits à percevoir dans les facultés de droit sont fixés ainsi qu'il suit :

Rétributions obligatoires.

		fr.
Capacité.	Inscriptions (quatre à 30 fr.)	120
	Examen.	60
	Certificat d'aptitude.	40
	Visa du certificat d'aptitude.	25
	A Total.	245

Baccalauréat.	Inscriptions (huit à 30 fr.)	240
	Deux examens (60 fr. par examen).	120
	Deux certificats d'aptitude (40 fr. par certificat).	80
	Diplôme.	100
	(B) Total.	540

Licence.	Inscriptions (quatre à 30 fr.)	120
	Deux examens (60 fr. par examen).	120
	Deux certificats d'aptitude (40 fr. par certificat).	80
	Thèse.	100
	Certificat d'aptitude.	40
	Diplôme.	100
	(C) Total.	560

		fr.
Doctorat.	Inscriptions (quatre à 30 fr.)	120
	Deux examens (60 fr. par examen.)	120
	Deux certificats d'aptitude (40 fr. par certificat).	80
	Thèse.	100
	Certificat d'aptitude.	40
	Diplôme.	100
	(D) Total.	560

Rétributions facultatives.

Conférences pour les aspirants au baccalauréat, à la licence et au doctorat en droit ; rétribution annuelle.   130

TIT. 5. Dispositions spéciales aux facultés de théologie.

25. Les droits à percevoir dans les facultés de théologie sont fixés de la manière suivante :

Rétributions obligatoires.

Baccalauréat.	Inscriptions (quatre à 5 fr.).	20
	Examen.	10
	Certificat d'aptitude.	5
	Diplôme.	10
	(E) Total.	45

Licence.	Inscriptions (quatre à 5 fr.).	20
	Examen.	10
	Certificat d'aptitude.	5
	Diplôme.	10
	(F) Total.	45

Doctorat.	Inscriptions (quatre à 5 fr.).	20
	Examen.	10
	Certificat d'aptitude.	10
	Diplôme.	40
	(G) Total.	80

(A) Au lieu de 150 fr. — Différence 115 fr.

(B) Au lieu de 526 fr. — Différence 214 fr.

(C) Au lieu de 488 fr. — Différence 72 fr.

(D) Au lieu de 508 fr. — Différence 32 fr.

(E) Au lieu de 25 fr. — Différence 15 fr.

(F) Au lieu de 25 fr. — Différence 15 fr.

(G) Au lieu de 60 fr. — Différence 20 fr.

Nota. Suit le tableau comparatif des droits d'inscriptions et de diplômes.—V. Bull. des lois, p. 373.

A annoter :

= Au *Manuel* ; — V° *avocat*, note 199, n. 1 ; —V° *avoué*, note 199, n. 12.

ART. 2.

ENSEIGNEMENT SUPÉRIEUR.— Fonctions académiques.— Traitements.

22 août 1854, promulg. le 1er oct. suiv. — *Décret Impérial qui règle les traitements des fonctionnaires académiques* (Bull. n. 1939.)

Napoléon, etc. ; — Sur le rapport de notre ministre de l'instruction publique et des cultes ; — Vu la loi du 14 juin 1854 ; — Vu le règlement d'administration publique, en date du 22 août 1854, rendu pour l'exécution de ladite loi ; — Avons décrété, etc. :

Art. 1. Les traitements des fonctionnaires académiques sont réglés de la manière suivante :

1° Recteurs.

	fr.
Traitement du vice-recteur de l'académie de Paris.	15,000
Traitement de trois recteurs (académies de Lyon, Toulouse et Bordeaux).	13,000
Traitement de six recteurs (académies de Caen, Rennes, Montpellier, Poitiers, Dijon, Strasbourg) à.	12,000
Traitement de six recteurs (académies d'Aix, Grenoble, Nancy, Douai, Clermont, Besançon) à.	10,000

2° Inspecteurs d'académie.

Traitement de huit inspecteurs d'académie en résidence à Paris, à	6000
Traitement de l'inspecteur d'académie, vice-recteur de la Corse, à	6000
Traitement de quinze inspecteurs d'académie de 1re classe, à.	5,000
Traitement de vingt-cinq inspecteurs de 2e classe, à.	4,500
Traitement de seize inspecteurs de 3e classe, à.	4,000
Traitement de vingt-huit inspecteurs de 4e classe, à.	3,500

3° Secrétaires d'académie.

Traitement du secrétaire de l'académie de Paris, à.	5,000
Traitement de trois secrétaires (académies de Lyon, Toulouse, Bordeaux), à.	3,000
Traitement de six secrétaires (académies de Caen, Rennes, Montpellier, Poitiers, Dijon, Strasbourg), à.	2,500
De six secrétaires (académies d'Aix, Grenoble, Nancy, Douai, Clermont, Besançon), à.	2,000

4° Commis d'académie.

Six commis de première classe, à.	1,600
Dix commis de deuxième classe, à.	1,400
Seize commis de troisième classe, à.	1,200

2. Les recteurs chargés personnellement de la direction de l'enseignement supérieur reçoivent, à dater du 1er janv. 1855, à titre de frais de représentation, un traitement supplémentaire, qui peut varier de 5,000 fr. à 7,500 fr. Une somme annuelle de 88,500 fr. est prélevée pour cet objet sur les recettes de l'enseignement supérieur.

A annoter :

= Au *Manuel* ; — comme à l'art. 1, du Recueil des lois.

ART. 3.

OFFICIERS DE SANTÉ. — Pharmaciens. — Herboristes. — Sages-femmes.

I

23 décembre 1854, promulg. le 6 Janvier 1855.

Règlement du Ministre de l'instruction publique et des cul-

tes sur la réception des officiers de santé, des pharmaciens, herboristes et sages-femmes de deuxième classe, suivi de l'arrêté fixant les droits de présence des examinateurs.

Le ministre de l'instruction publique et des cultes,
Vu les lois du 21 germinal et du 19 ventôse an 11 ;
Vu les articles 17, 18, 19, 20 et 21 du décret du 22 août 1854, sur le régime des établissements d'enseignement supérieur ;
Le conseil impérial de l'instruction publique entendu,

Arrête :

Art. 1er. Les officiers de santé, les pharmaciens, herboristes et sages-femmes de 2e classe qui, en exécution de l'art. 19 du décret du 22 août 1854, continuent à n'exercer leur profession que dans les départements pour lesquels ils ont demandé à être examinés, sont reçus par la faculté de médecine, l'école supérieure de pharmacie ou l'école préparatoire de médecine et de pharmacie dans la circonscription de laquelle ils se proposent d'exercer.

Art. 2. La circonscription des facultés de médecine, des écoles supérieures de pharmacie et des écoles préparatoires de médecine et de pharmacie, en ce qui concerne la délivrance des certificats d'aptitude pour les professions d'officier de santé, de pharmacien, herboriste et sage-femme de 2e classe, est réglée de la manière suivante :

Académie d'Aix. La circonscription de l'école préparatoire de médecine et de pharmacie de Marseille embrasse tous les départements compris dans l'académie.

Académie de Besançon. La circonscription de l'école préparatoire de médecine et de pharmacie de Besançon embrasse tous les départements compris dans l'académie.

Académie de Bordeaux. La circonscription de l'école préparatoire de médecine et de pharmacie de Bordeaux embrasse tous les départements compris dans l'académie.

Académie de Caen. La circonscription de l'école préparatoire de médecine et de pharmacie de Caen embrasse les départements de l'Orne, de la Sarthe, du Calvados et de la Manche.
La circonscription de l'école préparatoire de médecine et de pharmacie de Rouen embrasse les départements de la Seine-Inférieure et de l'Eure.

Académie de Clermont. La circonscription de l'école préparatoire de médecine et de pharmacie de Clermont embrasse tous les départements compris dans l'académie.

Académie de Dijon. La circonscription de l'école préparatoire de médecine et de pharmacie de Dijon embrasse tous les départements compris dans l'académie.

Académie de Douai. La circonscription de l'école préparatoire de médecine et de pharmacie de Lille embrasse les départements du Nord et des Ardennes.
La circonscription de l'école préparatoire de médecine et de pharmacie d'Arras embrasse le département du Pas-de-Calais.
La circonscription de l'école préparatoire de médecine et de pharmacie d'Amiens embrasse les départements de la Somme et de l'Aisne.

Académie de Grenoble. La circonscription de l'école préparatoire de médecine et de pharmacie de Grenoble embrasse tous les départements compris dans l'académie.

Académie de Lyon. La circonscription de l'école préparatoire de médecine et de pharmacie de Lyon embrasse tous les départements compris dans l'académie.

Académie de Montpellier. La circonscription de la faculté de médecine et de l'école supérieure de pharmacie de Montpellier embrasse tous les départements compris dans l'académie.

Académie de Nancy. La circonscription de l'école préparatoire de médecine et de pharmacie de Nancy embrasse tous les départements compris dans l'académie.

Académie de Paris. La circonscription de la faculté de médecine et de l'école supérieure de pharmacie de Paris embrasse les départements de la Seine, de Seine-et-Oise, d'Eure-et-Loire, de Loir-et-Cher, du Cher et du Loiret.
La circonscription de l'école préparatoire de médecine et de pharmacie de Reims embrasse les départements de la Marne, de Seine-et-Marne et de l'Oise.

Académie de Poitiers. La circonscription de l'école préparatoire de médecine et de pharmacie de Poitiers embrasse les départements de la Vienne, des Deux-Sèvres et de la Vendée.
La circonscription de l'école préparatoire de médecine et de pharmacie de Tours embrasse les départements d'Indre-et-Loire et de l'Indre.
La circonscription de l'école préparatoire de médecine et de pharmacie de Limoges embrasse les départements de la Haute-Vienne, de la Charente-Inférieure et de la Charente.

Académie de Rennes. La circonscription de l'école préparatoire de médecine et de pharmacie de Rennes embrasse les départements de l'Ile-et-Vilaine, des Côtes-du-Nord et du Finistère.
La circonscription de l'école préparatoire de médecine et de pharmacie de Nantes embrasse les départements de la Loire-Inférieure et du Morbihan.
La circonscription de l'école préparatoire de médecine et de pharmacie d'Angers embrasse les départements de Maine-et-Loire et de la Mayenne.

Académie de Strasbourg. La circonscription de la faculté de médecine et de l'école supérieure de pharmacie de Strasbourg embrasse tous les départements compris dans l'académie.

Académie de Toulouse. La circonscription de l'école préparatoire de médecine et de pharmacie de Toulouse embrasse tous les départements compris dans l'académie.

Art. 3. Par exception aux articles qui précèdent et conformément aux art. 14 et 24 de la loi du 21 germinal an 11, aucun pharmacien de 2e classe ne pourra être reçu dans les départements de la Seine, de l'Hérault et du Bas-Rhin, qui sont sièges d'une école supérieure de pharmacie.

Art. 4. Les sessions d'examen des écoles préparatoires de médecine et de pharmacie sont présidées :

Pour les écoles situées dans les académies de Paris, de Douai, de Rennes, de Poitiers et de Caen, par un professeur de la faculté de médecine ou de l'école supérieure de pharmacie de Paris ;

Pour les écoles situées dans les académies de Montpellier, d'Aix, de Grenoble, de Clermont, de Toulouse et de Bordeaux, par un professeur de la faculté de médecine ou de l'école supérieure de pharmacie de Montpellier.

Pour les écoles situées dans les académies de Strasbourg, de Nancy, de Besançon, de Lyon et de Dijon, par un professeur de la faculté de médecine ou de l'école supérieure de pharmacie de Strasbourg.

Le président des sessions d'examen est désigné, chaque année, par le ministre de l'instruction publique, après avis des facultés.

Art. 5. Dans les facultés de médecine, les écoles supérieures de pharmacie, les écoles préparatoires de médecine et de pharmacie, des registres d'inscription sont ouverts séparément : 1° pour les aspirants au doctorat en médecine ; 2° pour les aspirants au titre de pharmacien de 1re classe ; 3° pour les aspirants au titre d'officier de santé ; 4° pour les aspirants au titre de pharmacien de 2e classe.

Art. 6. Les aspirants au titre d'officier de santé ou de pharmacien de 2e classe ne peuvent prendre leur première inscription avant l'âge de 17 ans révolus et sans justifier, devant un jury spécial composé de trois membres et formé par les soins du recteur de l'académie, des connaissances enseignées dans la division de grammaire des lycées. Les candidats pourvus du certificat délivré conformément aux prescriptions de l'article 2 du décret du 10 avril 1852 sont dispensés de l'examen.

Les aspirants au titre d'officier de santé ou pharmacien de 2e classe, en cours d'étude, qui voudraient, après avoir obtenu le grade de bachelier ès-sciences, passer dans la catégorie des aspirants au doctorat en médecine ou au titre de pharmacien de 1re classe, subiront une réduction de quatre inscriptions, quel que soit le nombre de celles qu'ils auront prises antérieurement, en y comprenant la réduction prévue par le paragraphe 2 de l'article 12 du décret du 22 août 1854.

Art. 7. Les aspirants au titre d'officier de santé ne sont pas admis à subir leur dernier examen avant l'âge de vingt et un ans révolus.

Art. 8. Le premier examen d'officier de santé comprend l'anatomie et la physiologie ; le second, la pathologie interne, la pathologie externe et les accouchements ; le troisième, la clinique interne et externe, la matière médicale, la thérapeutique et une composition écrite sur une question tirée au sort parmi un certain nombre de sujets arrêtés d'avance par le jury d'examen.

La durée de chaque examen oral est fixée à trois quarts d'heure.

Art. 9. Dans les écoles préparatoires de médecine et de pharmacie, le jury d'examen des officiers de santé et des sages-femmes se compose, outre le président, de deux professeurs titulaires ou adjoints.

Art. 10. Pour le premier examen d'officier de santé, le jury est choisi sur la désignation du directeur, parmi les professeurs titulaires ou adjoints d'anatomie, de physiologie, de pathologie externe, de clinique interne, de médecine opératoire ;

Pour le deuxième examen, parmi les professeurs titulaires ou adjoints de pathologie interne, de pathologie externe, d'accouchements, de clinique interne ;

Pour le troisième examen, parmi les professeurs titulaires ou adjoints de clinique interne, de clinique externe, de matière médicale et de thérapeutique.

Le professeur d'accouchements fait nécessairement partie du jury chargé de délivrer le certificat d'aptitude à la profession de sage-femme.

Art. 11. Dans les facultés de médecine, le jury d'examen des officiers de santé ou des sages-femmes est composé de deux professeurs titulaires et d'un agrégé, choisis par le doyen, suivant la nature de l'examen, dans les catégories indiquées en l'article 8 ci-dessus, en y ajoutant, pour le deuxième examen d'officier de santé, le professeur de pathologie générale.

Art. 12. Le premier examen de pharmacien de 2e classe porte sur la chimie, la physique et la toxicologie. L'épreuve est précédée de l'explication d'un passage du Codex latin.

Le deuxième examen porte sur l'histoire naturelle médicale et la pharmacie. Le candidat est tenu de déterminer trente échantillons de matière médicale et vingt plantes.

Chacun de ces deux examens dure une heure au moins.

Le troisième est un examen pratique. Le candidat exécute des préparations chimiques et pharmaceutiques.

Cet examen se partage en deux séances :

Dans la première, le candidat met sous les yeux du jury les matières premières dont il a fait choix ; il les étudie et les décrit sous les points de vue suivants :

Histoire naturelle,

Propriétés chimiques,

Sophistications,

Moyens de constater la pureté des produits.

Dans la seconde séance, le candidat expose les produits qu'il a obtenus. Il en montre les propriétés et les caractères. Il fait connaître comment il les a préparés.

Les préparations, au nombre de dix au moins, doivent comprendre cinq médicaments galéniques et cinq produits chimiques.

Le temps accordé pour ces préparations est de quatre jours au moins. Elles se font sous la surveillance des examinateurs.

Conformément à l'article 17 de la loi du 21 germinal an 11, le candidat en supporte les frais, qui, aux termes de l'article 21 du décret du 22 août 1854, sont fixés, par abonnement, à la somme de 150 francs.

L'examen d'herboriste de 2e classe porte sur la connaissance des plantes médicinales, les précautions nécessaires pour leur récolte, leur dessiccation et leur conservation.

Art. 13. Dans les écoles préparatoires de médecine et de pharmacie, le jury d'examen des pharmaciens et des herboristes de 2e classe se compose, outre le professeur de l'école supérieure de pharmacie, président, de deux professeurs titulaires ou adjoints de l'école préparatoire, désignés par le directeur parmi les professeurs de pharmacie, de toxicologie et de matière médicale.

Dans les écoles supérieures de pharmacie, le jury d'examen des pharmaciens et herboristes de 2e classe est composé de deux professeurs titulaires ou adjoints et d'un agrégé.

Art. 14. Dans les écoles préparatoires de médecine et de pharmacie, il y a par an une seule session d'examen, dont l'ouverture ne peut avoir lieu avant le 1er septembre de chaque année.

Les candidats se font inscrire au secrétariat de l'école, du 10 au 25 août. Le registre d'inscription est clos ledit jour, et la liste des candidats dont l'inscription est régulière est adressée immédiatement au président désigné pour la session d'examen, qui fait connaître au directeur de l'école, par l'intermédiaire du recteur de l'académie, le jour où il pourra présider les opérations du jury.

Devant les facultés de médecine et les écoles supérieures de pharmacie, les examens ont lieu dès qu'on a pu compléter une série de cinq candidats.

Un candidat refusé par une faculté de médecine ou par une école supérieure de pharmacie est ajourné à trois mois au moins.

Ⅱ

23 déc. 1854, promulg. le 6 janvier 1855. — *Arrêté fixant les droits de présence des professeurs chargés d'examiner les candidats au titre d'officier de santé, de pharmacien et herboriste de 2e classe.*

Le ministre de l'instruction publique et des cultes,

Vu l'article 18 du décret du 22 août 1854, sur le régime des établissements d'enseignement supérieur ;

Vu le règlement en date de ce jour, sur la réception des officiers de santé, des pharmaciens, des herboristes et des sages-femmes de 2e classe.

Arrête :

Dans les facultés de médecine, dans les écoles supérieures de pharmacie, dans les écoles préparatoires de médecine et de pharmacie, les droits de présence des examinateurs pour les examens d'officier de santé, de pharmacien et herboriste de 2e classe, sont fixés à 24 francs, répartis entre les juges par égale portion.

Le président reçoit, en outre, une indemnité de séjour fixée à 12 francs par jour. Ses frais de déplacement lui sont remboursés, conformément aux dispositions de l'article 1er du règlement du 9 octobre 1848.

A annoter :

— Au *Recueil des Lois.* — Art. 1, 2.

ART. 4.

ENSEIGNEMENT SUPÉRIEUR. — SCIENCES APPLIQUÉES. — EXAMEN. — PROGRAMMES.

26 déc. 1854, promulg. le 24 janv. suivant.

Règlement du ministre de l'instruction publique et des cultes sur l'enseignement des sciences appliquées, suivi des pro-

grammes d'examen et de l'arrêté fixant les droits de présence des examinateurs.

Le ministre de l'instruction publique et des cultes ;

Vu les art. 4 et 5 du décret du 22 août 1854 sur l'organisation des académies ;

Vu les art. 2, 10 et 11 du décret du 22 août 1854, sur le régime des établissements d'enseignement supérieur ;

Le conseil impérial de l'instruction publique entendu,

Arrête :

TITRE I.

ORGANISATION DE L'ENSEIGNEMENT DANS LES ÉCOLES PRÉPARATOIRES A L'ENSEIGNEMENT SUPÉRIEUR DES SCIENCES ET DES LETTRES.

Art. 1er. Les cours des écoles préparatoires à l'enseignement supérieur des sciences et des lettres, institués par l'article 4 du décret du 22 août 1854, près des villes qui ne sont pas sièges de facultés, ont pour objet :

Les mathématiques.
La mécanique.
La physique.
La chimie.
L'histoire naturelle ;
La littérature française, l'histoire de France et la géographie physique et politique ;
Le dessin.

Art. 2. Les professeurs de physique, de chimie et d'histoire naturelle sont assistés par des préparateurs.

L'enseignement oral est complété par des conférences, des interrogatoires, des manipulations et des exercices pratiques.

Art. 3. Le traitement des professeurs et des préparateurs est fixé par une délibération du conseil municipal, sous l'approbation du ministre de l'instruction publique.

Art. 4. L'enseignement est partagé en deux années d'études. Les cours sont ainsi distribués :

Première année.

1er sémestre.	Géométrie et géométrie descriptive. Physique. Littérature, histoire et géographie. Dessin.	2 leçons par semaine pour chaque cours. TOTAL, 8 leçons.
2e sémestre.	Mécanique. Chimie. Histoire naturelle. Littérature, histoire et géographie. Dessin.	2 leçons par semaine pour chaque cours. TOTAL, 10 leçons.

Deuxième année.

1er sémestre.	Mécanique. Chimie. Histoire naturelle. Littérature, histoire et géographie. Dessin.	2 leçons par semaine. TOTAL, 10 leçons.
2e sémestre.	Géométrie descriptive. Physique. Littérature, histoire et géographie. Dessin.	2 leçons par semaine. TOTAL, 8 leçons.

L'enseignement, pour chaque cours, se renfermera dans les limites des programmes d'examen annexés au présent arrêté.

TITRE II.

ORGANISATION DE L'ENSEIGNEMENT DES SCIENCES APPLIQUÉES DANS LES FACULTÉS.

Art. 5. Dans les facultés des sciences où l'enseignement des sciences appliquées est autorisé, aux termes de l'article 5 du décret du 22 août 1854, des cours complémentaires pourront être ouverts sur la géométrie, la géométrie descriptive, la mécanique et le dessin, conformément aux programmes adoptés pour les écoles préparatoires.

Des conférences, des interrogations, des exercices pratiques, des manipulations sont organisées au sein de ces facultés pour les candidats au certificat de capacité des sciences appliquées.

Art. 6. Des cours complémentaires de littérature française, d'histoire de France et de géographie physique et politique, conformes aux programmes adoptés pour les écoles préparatoires, pourront être également ouverts dans les facultés des lettres placées près des facultés des sciences autorisées à donner l'enseignement des sciences appliquées.

Les candidats au certificat de capacité pour les sciences appliquées se préparent à l'épreuve littéraire, en prenant à deux de ces cours des inscriptions qui leur sont délivrées sur le vu de la quittance constatant leur inscription à la faculté des sciences.

TITRE III.

CONDITIONS D'INSCRIPTION ET DE SCOLARITÉ DES CANDIDATS AU CERTIFICAT DES SCIENCES APPLIQUÉES.

Art. 7. Pour être immatriculé comme candidat au certificat de capacité des sciences appliquées, soit dans les écoles préparatoires, soit dans les facultés, il faut être âgé au moins de seize ans et avoir subi d'une manière satisfaisante un examen portant sur les matières suivantes :

1° L'orthographe et la langue française.
2° L'arithmétique usuelle ;
3° La géométrie plane ;
4° L'algèbre, jusqu'à la résolution des équations du 1er degré inclusivement.

Cet examen est subi devant les professeurs de l'école.

TITRE IV.

EXAMENS POUR LE CERTIFICAT DE CAPACITÉ.

Art. 8. Les candidats au certificat de capacité pour les sciences appliquées sont tenus de subir soit devant l'école, soit devant la faculté où ils ont pris leurs inscriptions, deux examens, l'un sur les matières de l'enseignement de première année, l'autre sur les matières de l'enseignement de deuxième année.

Nul étudiant n'est admis à prendre la cinquième inscription de faculté ou la sixième d'école préparatoire sans avoir subi avec succès le premier examen.

Art. 9. Chacun des deux examens se divise en épreuves écrites, en épreuves pratiques, en épreuves orales. Les épreuves orales sont seules publiques.

Nul n'est admis aux deux dernières épreuves s'il n'a satisfait convenablement à l'épreuve écrite.

Les candidats ajournés ne peuvent se présenter à un nouvel examen qu'après un délai de trois mois.

Art. 10. Les sujets des trois sortes d'épreuves sont empruntés aux programmes annexés au présent règlement.

Art. 11. L'épreuve écrite porte sur un sujet de composition pris dans la partie scientifique des programmes ci-annexés.

Quatre heures sont accordées pour cette épreuve, qui a lieu sous la surveillance d'un membre du jury.

Il est interdit aux candidats de faire usage de notes manuscrites ou de livres, les tables de logarithme exceptées.

Art. 12. L'épreuve pratique a lieu dans un des cabinets ou laboratoires de l'école ou de la faculté. Elle dure quatre heures. Le sujet est tiré au sort parmi ceux qui sont inscrits à la suite des programmes ci-annexés et dont les numéros sont déposés dans une urne.

Art. 13. L'épreuve orale consiste en interrogations sur la matière de chaque cours. Les questions auxquelles le candidat doit répondre sont indiquées par un bulletin tiré au sort et portant cinq numéros de chaque programme.

L'épreuve orale dure une heure et demie.

Art. 14. Le jury d'examen dans les écoles préparatoires est composé de tous les professeurs de l'école.

Ce jury est présidé par un professeur de la faculté des sciences désigné par le ministre de l'instruction publique.

Art. 15. Dans les facultés des sciences, le jury est composé des professeurs de la faculté et d'un professeur de la faculté des lettres. Il est présidé par un professeur de la faculté des sciences.

Art. 16. Il y a chaque année, dans les écoles préparatoires et dans les facultés où est autorisé l'enseignement des sciences appliquées, deux sessions d'examen pour le certificat de capacité des sciences appliquées.

La première session a lieu du 1er au 15 avril, et la deuxième du 1er au 15 septembre.

Les candidats sont tenus de se faire inscrire avant l'époque fixée pour l'ouverture de la session.

Aucun examen isolé ou collectif ne peut avoir lieu en dehors des sessions.

Art. 17. Le certificat de capacité pour les sciences appliquées atteste l'aptitude générale des candidats dans ce genre d'études, sans aucune mention particulière d'une aptitude spéciale.

Art. 18. Le ministre de l'instruction publique peut dispenser, moyennant l'acquittement des droits, et, dans certains cas, à titre gratuit, les candidats au certificat des sciences appliquées, âgés de dix-huit ans au moins, de la formalité de l'immatriculation et des inscriptions.

A annoter :

⇒ Au *Recueil des lois*; — art. 1 et 2.

ART. 5.

ÉCOLE NAVALE IMPÉRIALE. — CONCOURS. — EXAMEN. — PLACES GRATUITES.

5 janv. 1855, promulg. le 25.

Instruction du Ministre de la marine et des colonies, pour l'admission à l'école navale impériale.

CONCOURS DE 1855.

La loi du 20 avril 1832 autorise l'ouverture d'un concours public à l'effet d'admettre, en qualité d'élèves de l'école navale impériale, les jeunes gens qui se destinent au corps des officiers de marine. Cette école est organisée conformément aux dispositions des ordonnances des 1er novembre 1830, 24 avril 1852 et 4 mai 1855, et de la loi du 5 juin 1850.

Programme de l'examen.

Ire PARTIE. — *Examen oral.*

1° Arithmétique. Programme XXXI du plan d'étude des lycées, n°s 1 à 56.

2° Algèbre. Programme XXXII, n°s 1 à 27.

3° Géométrie. Programme XXXIV, n°s 1 à 54, et programme XXXV, n°s 1 à 20.

4° Trigonométrie rectiligne. Programme XL, n°s 1 à 16.

5° Mathématiques appliquées. Programme XXXVII, n°s 1 à 6, et programme XXXVIII, n°s 1 à 6.

6° Physique. Programme XLIII.

7° Chimie. Programme XLVI.

8° Géographie. Programme XI

IIe PARTIE. — *compositions.*

1° Composition française. Récits, lettres, descriptions de divers genres.

2° Version latine, de la force des auteurs qu'on explique en troisième.

3° Thème anglais. Les élèves devront être en état d'échanger quelques phrases en cette langue. Programmes XVII et XVIII du plan d'études des lycées.

4° Calcul numérique de trigonométrie rectiligne.

5° Tracé graphique d'une des questions de géométrie exigées à l'examen oral.

6° Dessin au trait d'une tête d'après un modèle.

Les candidats seront rigoureusement interrogés sur toutes les matières indiquées ci-dessus; elles sont *également obligatoires.* L'insuffisance d'un candidat dans l'une des épreuves écrites peut, aussi bien qu'un mauvais examen oral, motiver la non-admission de ce candidat.

Il sera tenu compte de l'écriture et de l'orthographe dans les numéros de mérite relatifs aux diverses compositions écrites.

Conditions du concours.

L'ouverture du concours aura lieu à Paris, le 5 juillet, et successivement dans les villes ci-après, aux époques fixées par un avis qui sera publié au *Moniteur* dans le courant dudit mois, savoir :

Tournée du nord et de l'ouest : Dunkerque, Cherbourg, Rennes, Brest, Lorient, Nantes ;

Tournée du sud et de l'est : Rochefort, Angoulême, Toulouse, Montpellier, Toulon, Lyon, Besançon et Nancy.

Les candidats devront se faire inscrire, du 1er au 25 avril, à la préfecture du département où est établi le domicile de leur famille ; ils seront interrogés dans le chef-lieu d'examen le plus voisin de ce domicile ou du collège où ils auront achevé leur première éducation, et l'intention en sera exprimée par eux au moment de leur inscription : il ne pourra rien être changé à cet égard, lorsque les villes d'examen auront été déterminées.

Nul ne pourra se présenter au concours, s'il n'a justifié, par la production de son acte de naissance, qu'il est né Français ; par un certificat de médecin, qu'il a été vacciné ou qu'il a eu la petite vérole, et enfin qu'il n'a aucune infirmité qui le rendrait impropre au service de la marine.

L'admission définitive à l'école navale impériale n'aura lieu que lorsque le conseil de santé du port de Brest aura constaté, par procès-verbal individuel, l'état de la constitution physique du candidat. Les cas de *myopie,* de *presbytie,* de *surdité* et de *bégayement* sont des causes absolues d'exclusion.

Aucun candidat ne pourra concourir, s'il n'est âgé de treize ans au moins, accomplis le 1er janvier de l'année du concours, ou s'il n'a dépassé le maximum d'âge, fixé à 16 ans, également au 1er janvier de ladite année.

Toutefois, les candidats qui, aux termes de l'arrêté du 10 octobre 1848, justifieront d'une année d'embarquement, soit à bord des bâtiments de l'état (autres que les navires en commission ou disponibilité de rade, les stationnaires et les gardes-pêches), soit à bord des navires du commerce national, ou qui auront fait une campagne au-delà de l'équateur, quelle qu'en soit la durée, seront admis à concourir, pourvu qu'ils n'aient pas dépassé l'âge de dix-huit ans le 1er janvier de l'année des examens.

Les conditions d'âge sont de rigueur. Il ne sera accordé aucune dispense.

Les candidats de la seconde catégorie (dix-huit ans) devront, au moment de l'inscription, justifier de la condition de l'année d'embarquement ou de la campagne au-delà de l'équateur, ou bien produire un certificat de l'autorité maritime (1) constatant qu'ils sont *actuellement embar-*

(1) Les certificats seront délivrés par les commissaires aux armements, s'il s'agit de constater la navigation à bord des bâtiments de l'État, et par les commissaires de l'inscription maritime, si les candidats ont navigué au commerce.

barqués : dans ce dernier cas ils devront justifier, au moment de l'examen, de l'accomplissement des conditions d'embarquement ou de campagne.

Le candidat devra produire à la préfecture de son département, outre les pièces ci-dessus, un acte sur papier timbré par lequel ses parents s'engageront envers le trésor public à payer, par trimestre et d'avance, une pension annuelle de 700 fr. Un acte séparé portera engagement de fournir le trousseau, un étui complet de mathématiques et les livres nécessaires aux études, dont le détail sera fourni par l'administration de l'école navale aux parents ou à leurs correspondants. Le prix de ces objets est d'environ 600 fr.

Places gratuites.

Les candidats qui, dénués de fortune, prétendraient à une place gratuite ou demi-gratuite, à un trousseau ou demi-trousseau, doivent le faire connaître, *sous peine de déchéance au moment de l'inscription*, par une demande remise au préfet du département où réside leur famille. Cette demande, adressée au ministre de la marine, devra être appuyée de renseignements détaillés sur les moyens d'existence, le nombre d'enfants et les autres charges des parents, ainsi que d'un relevé du rôle des contributions. L'insuffisance de la fortune des parents et des jeunes gens sera constatée par une délibération motivée du conseil municipal, approuvée par le préfet.

Les bourses et demi-bourses, trousseaux et demi trousseaux seront accordés par le ministre de la marine, sur la présentation du conseil d'instruction de l'école navale, conformément à la loi du 5 juin 1850.

En outre, il pourra être accordé, sur la proposition du même conseil, une première mise d'équipement militaire (570 fr.) à chaque boursier ou demi-boursier nommé aspirant de deuxième classe, après avoir satisfait aux examens de sortie.

Nominations et modes d'étude.

Un jury réuni à Paris, présidé par un officier général de la marine, déterminera le rang des candidats admissibles. Sur le rapport de ce jury, le ministre de la marine nommera les élèves jusqu'à concurrence du nombre qu'il aura déterminé, et il fera expédier des lettres d'avis aux parents des candidats dont l'admission en qualité d'élève aura été ainsi prononcée.

La durée du cours complet d'instruction à l'école navale impériale est de deux ans : l'année scolaire commence le 1er octobre. L'élève qui arrive après cette époque, sans justifier d'un motif valable, est soumis aux peines disciplinaires du bord : l'élève qui n'a pas rejoint dans le délai de quinze jours est considéré comme démissionnaire.

L'instruction donnée aux élèves embrasse les cours et exercices tels qu'ils sont détaillés au programme d'enseignement de l'école.

Chaque année, après la clôture des cours, tous les élèves subissent un examen public devant une commission présidée par le préfet maritime de Brest.

Les examens de la seconde division servent à former la liste des élèves qui peuvent être admis à suivre les cours de la première.

Les examens de la première division règlent la nomination des élèves au grade d'aspirant de la marine de 2e classe, conformément à l'article 3 de la loi du 20 avril 1832, sur l'avancement dans l'armée navale.

Les élèves qui n'ont pas été jugés susceptibles de passer de la deuxième division à la première, ou qui, après avoir suivi le cours de la première division, n'ont pas été reconnus aptes à passer au grade d'aspirant de deuxième classe, sont licenciés.

Nota. Les lettres adressées par les familles au préfet maritime, à Brest, ou au commandant de l'école navale impériale, devront être affranchies.

A annoter :

= Au *Recueil des Lois.* — Art. 1, 2.

ART. 6.

ALGÉRIE. — MINES.

6 janv. 1855, promulg. le 25. — *Décret concernant les concessions de mines en Algérie.*

Recueil des Lois. — Mars 1855.

NAPOLÉON, etc., etc.

Sur le rapport de notre ministre secrétaire d'État au département de la guerre ;

Vu l'art. 5 de la loi du 16 juin 1851, sur la constitution de la propriété en Algérie, portant : « Les mines et minières sont régies par la législation générale de la France ; »

Vu la loi du 21 avril 1810, concernant les mines, les minières et les carrières, et notamment l'art. 7, relatif à la perpétuité et à la transmissibilité des concessions ;

Vu l'arrêté du président du conseil chargé du pouvoir exécutif, du 9 octobre 1848, qui assujettit au régime des concessions les minerais de fer d'alluvion et les mines de fer en filons ou en couches exploitables à ciel ouvert ;

Vu le décret du 6 février 1852, portant que les dispositions de l'arrêté du 9 octobre 1849 continueront à sortir leur plein et entier effet, et que toutes dispositions contraires sont abrogées ;

Vu la loi du 11 janvier 1851, relative au régime commercial de l'Algérie ;

Vu le décret du 25 octobre 1852, qui fait défense à tous concessionnaires de mines de réunir sa ou ses concessions à d'autres concessions de la même nature, sans l'autorisation du Gouvernement ;

Vu les ordonnances, arrêtés et décrets antérieurs à la loi ci-dessus visée du 16 juin 1851, portant concessions de mines en Algérie, et les cahiers de charge y annexés ;

Vu l'avis de notre ministre secrétaire d'État au département des travaux publics, en date du 5 juillet 1852 ;

Vu l'avis du comité consultatif de l'Algérie, en date du 25 novembre 1852 ;

Notre conseil d'État entendu,

Avons décrété et décrétons ce qui suit.

Art. 1er. Les concessionnaires de mines en Algérie, dont le titre est antérieur à la promulgation de la loi du 16 juin 1851, sur la constitution de la propriété, en sont reconnus propriétaires incommutables, sauf les droits des tiers.

Leurs concessions sont disponibles et transmissibles, comme les autres biens, dans les termes de l'article 7 de la loi du 21 avril 1810, et sauf les restrictions résultant du décret du 25 octobre 1852.

Art. 2. Sont considérées comme non avenues dans les actes constitutifs des concessions mentionnées en l'article précédent, toutes clauses et conditions contraires à la législation générale de la France sur les mines, et à la loi du 11 janvier 1851, sur le régime commercial en Algérie.

Continueront, néanmoins, à recevoir leur pleine et entière application l'arrêté du président du conseil chargé du pouvoir exécutif, du 9 octobre 1848, et le décret du 6 février 1852, aux dispositions desquels il n'est en rien dérogé.

Art. 3. Notre ministre secrétaire d'État au département de la guerre est chargé de l'exécution du présent décret, qui sera inséré au *Bulletin des lois*, au *Moniteur universel*, au *Moniteur algérien* et au *Bulletin officiel des actes du gouvernement de l'Algérie.*

A annoter :

= Au *Manuel des Notaires*. — note 22, n 28.

ART. 7.

VENTE PUBLIQUE. — CHEVAUX. — VOITURES. — HARNAIS. — ÉQUIPAGES DE CHASSE.

10 janvier 1855, promulg. le 3 fév. suiv. — *Décret relatif à la création d'un établissement destiné à la vente publique aux enchères, des chevaux, voitures, harnais et équipages de chasse.*

NAPOLÉON, etc , etc.

Sur le rapport de notre ministre secrétaire d'État au département de l'Agriculture, du commerce et des travaux publics,

3.

La section des travaux publics, de l'agriculture et du commerce de notre conseil d'État entendue :

Avons décrété et décrétons ce qui suit :

Art. 1er. Est approuvée la convention passée le 4 janvier 1855, entre notre ministre secrétaire d'État au département de l'agriculture, du commerce et des travaux publics, et MM. de Varaigne et compagnie, ayant pour objet la création d'un établissement destiné à la vente publique, aux enchères, des chevaux, voitures, harnais et équipages de chasse.

En conséquence, MM. de Varaigne et compagnie sont et demeurent concessionnaires de cet établissement, aux clauses et conditions du cahier des charges annexé à la convention.

Art. 2. Notre ministre secrétaire d'État au département de l'agriculture, du commerce et des travaux publics est chargé de l'exécution du présent décret, qui sera publié au *Bulletin des lois* et inséré au *Moniteur*.

Du 4 janv. 1855.

Convention

Entre le ministre secrétaire d'État au département de l'agriculture, du commerce et des travaux publics, agissant au nom de l'État, sous réserve de l'approbation des présentes par l'Empereur,

D'une part ;

Et M. de Varaigne, élisant domicile à Paris, rue de Balzac, n° 17, agissant tant en son nom qu'au nom de la Société fondée pour favoriser, à Paris, la vente aux enchères des chevaux, voitures, harnais et équipages de chasse,

D'autre part ;

Il a été convenu ce qui suit :

Art. 1er. Le ministre secrétaire d'État au département de l'agriculture, du commerce et des travaux publics, au nom de l'État, concède à M. de Varaigne et à la société qu'il représente le droit de fonder un établissement ayant pour objet la vente publique, aux enchères, dans l'intérieur de Paris, des chevaux, voitures, harnais et équipages de chasse.

Art. 2. M. de Varaigne et la société qu'il représente s'engagent à exécuter à leurs frais, risques et périls, toutes les constructions et appropriations nécessaires à ce genre d'établissement, et à l'exploiter aux clauses et conditions stipulées dans le cahier des charges ci-annexé.

Du 2 janv. 1855.

Cahier des charges

Pour la concession d'un établissement destiné à la vente publique aux enchères des chevaux, voitures, harnais et équipages de chasse.

Art. 1er. La compagnie s'engage à exécuter à ses frais, risques et périls, tous les travaux de construction et d'appropriation d'un établissement spécialement destiné à la vente publique aux enchères des chevaux, voitures, harnais et équipages de chasse, et à les terminer de manière à ce que l'établissement soit exploité dans le délai de dix-huit mois, à partir du décret de concession.

Art. 2. Cet établissement sera situé à Paris, près la barrière de l'Étoile, sur des terrains qui devront avoir une contenance de 5,000 mètres carrés au moins et appartenir à la Compagnie.

Art. 3. Les boxes, stalles, remises pour voitures, selleries, chenils, manége et bâtiments à l'usage du personnel seront construits sur les meilleurs modèles et devront offrir toutes les conditions de solidité et de commodité désirables.

Art. 4. L'établissement et toutes ses dépendances seront constamment entretenus en bon état ; la circulation des abords et de l'intérieur devra être sûre et facile.

Art. 5. Si, dans le délai de six mois à dater de l'homologation de la convention, la Compagnie ne s'est pas mise en mesure de commencer les travaux qu'elle prendra à sa charge, et si elle ne les a pas effectivement commencés, ou si elle ne les a pas terminés dans le délai fixé par

l'art. 1er, elle sera déchue de plein droit de la concession de l'établissement, et sans qu'il y ait lieu à aucune mise en demeure ou notification quelconque.

Art. 6. La Compagnie percevra à son profit, et en dehors du droit d'enregistrement et de celui à payer aux commissaires-priseurs, un droit de vente qui ne pourra excéder 6 p. 0/0 du montant des adjudications, et qui comprendra les frais de publicité.

Ne sont pas compris dans le droit susmentionné les frais de séjour, nourriture et autres, à régler par un tarif spécial.

Art. 7. La perception du droit et du montant des diverses taxes indiquées à ces tarifs devra se faire par la Compagnie indistinctement et sans aucune faveur.

Art. 8. Les règlements intérieurs de l'établissement et les tarifs pour frais de séjour, de nourriture et autres, seront soumis à l'approbation du ministre.

Art. 9. Le ministre pourra, tous les ans, faire visiter l'établissement par les inspecteurs du service des haras et se faire rendre un compte détaillé de sa tenue générale, du nombre et de l'importance des ventes opérées et des résultats de toute nature obtenus par la Compagnie.

La Compagnie s'engage à mettre toujours à la disposition des inspecteurs du service des haras ou de tels commissaires qu'il conviendra au gouvernement de désigner, ses livres et registres.

Art. 10. Dans le cas où les droits d'enregistrement à percevoir sur les ventes ci-dessus spécifiées seraient diminués, la réduction profitera en entier au public.

Art. 11. La Compagnie ne pourra transporter les droits résultant de la concession qui lui est faite sans y être autorisée par un décret spécial.

A annoter :

Au *Manuel des Notaires* ; — note 109 - 2° ; — note 188.

ART. 8.

ÉMIGRATION EUROPÉENNE.

15 *janvier* 1855, promulg. le 17 — *Décret sur l'émigration européenne.*

NAPOLÉON, etc., etc.,

Sur le rapport de notre ministre secrétaire d'État au département de l'agriculture, du commerce et des travaux publics,

Vu l'avis de la commission mixte chargée d'examiner les questions relatives à l'émigration européenne ;

Avons décrété et décrétons ce qui suit :

TITRE PREMIER.

Art. 1er. Il sera établi, dans les villes de Strasbourg, Paris, le Havre, Forbach et Saint-Louis, et dans les lieux où le ministre de l'intérieur le jugera nécessaire, des commissaires spéciaux chargés, sous son autorité, de surveiller, dans l'intérêt de la police et des émigrants, les mouvements de l'émigration française et étrangère.

Ces commissaires et leurs délégués auront pour mission d'assurer l'exécution des mesures prescrites par les lois et par le présent décret.

Art. 2. Dans chacune des villes que l'autorité désignera, il sera institué, sous la direction du commissaire de l'émigration, un bureau de renseignement auquel les émigrants pourront s'adresser pour obtenir gratuitement toutes les informations relatives, soit à leur voyage à travers la France, soit à leur séjour à terre, soit à la réduction des contrats d'embarquement.

Dans les localités où il n'existera pas de bureau de renseignements, les commissaires d'émigration, à défaut, les commissaires de police, seront chargés d'y suppléer.

Art. 3. Nul émigrant étranger ne sera admis en France, s'il ne justifie, quand il arrive par la frontière de terre, de la possession, en espèces ou en bonnes valeurs, d'une somme de 200 fr. pour les adultes et de 80 fr. pour les enfants de six à quinze ans ; ou, quand il arrive par la frontière de mer, d'une somme de 150 fr. pour les adultes et de 60 fr. pour les enfants de 6 à 15 ans : à moins qu'il ne soit porteur d'un contrat qui lui assure son transport à travers la France et son passage pour un pays d'outre-mer.

Ce contrat ne sera valable que s'il a été délivré suivant les formes voulues par la législation du pays où il aura été passé.

Si le contrat contient le signalement de l'émigrant, ainsi que les indications nécessaires pour établir l'identité, il pourra, après avoir été visé par la légation ou le consultat de France, tenir lieu de passe-port : le visa sera gratuit.

Art. 4. Les compagnies ou agences qui entreprennent le recrutement ou le transport des émigrants doivent être autorisées par le ministre de l'agriculture, du commerce et des travaux publics, et fournir un cautionnement qui sera fixé par lui, dans la limite de 15,000 à 40,000 fr., si mieux elles n'aiment fournir une soumission dûment cautionnée de la somme qui sera déterminée en garantie de l'accomplissement de leurs obligations.

L'autorisation sera toujours révocable par le ministre, en cas d'abus.

Art. 5. Si le cautionnement est versé en numéraire, il portera intérêt à raison de 3 p. 0/0 par an.

Il ne sera restitué que six mois après la déclaration faite par les compagnies ou agences qu'elles renoncent à l'exercice de leur industrie, ou après le retrait de l'autorisation.

Si le cautionnement est représenté par une soumission, la caution ne sera déchargée qu'après l'expiration du même délai.

Art. 6. Les compagnies ou agences autorisées, pourront employer, soit en France, soit à l'étranger, des agents, à la condition que ceux-ci seront munis d'une procuration en règle.

Les compagnies ou agences seront responsables des actes de leurs agents.

Art. 7. Les compagnies ou agences d'émigration seront tenues de remettre à l'émigrant avec lequel elles auront traité, soit en France, soit à l'étranger, à défaut d'une copie de son contrat, un bulletin nominatif indiquant la nationalité de l'émigrant, le lieu de sa destination, les conditions stipulées pour le transport.

Dans les vingt-quatre heures de l'arrivée des émigrants dans le port d'embarquement, les compagnies ou agences devront remettre au commissaire de l'émigration une liste portant, avec le nom de l'émigrant, les indications spécifiées dans le paragraphe précédent.

Art. 8. Les bagages et denrées alimentaires appartenant aux émigrants transportés sur le territoire français par chemins de fer seront, à moins de soupçons de fraude, affranchis, à la frontière française, de toute vérification de douane et du plombage par colis.

Les bagages non visités seront accompagnés d'une feuille de route dressée par l'administration du chemin de fer et visée par la douane du départ. Ils seront placés dans des wagons à coulisses dont les bâches, dûment scellés par le plomb de la douane, et, au besoin, mis sous l'escorte de ses préposés.

Les émigrants ne pourront conserver avec eux, dans les voitures affectées à leur transport, aucun colis contenant des marchandises soumises aux droits ou prohibées.

A l'arrivée du convoi au port d'embarquement, le transbordement des bagages dans le navire exportateur pourra s'effectuer également sans visite et en franchise de toute taxe de douane.

TITRE II.

Art. 9. Tout navire qui reçoit à son bord quarante émigrants est réputé spécialement affecté à l'émigration.

· Art. 10. Il est alloué à chaque passager, à bord d'un bâtiment affecté au transport des émigrants, 1 mètre 85 cent. carrés ou 2 mètres 4 cent., suivant la hauteur du pont.

Les enfants au-dessous d'un an ne sont pas comptés dans le calcul du nombre des passagers à bord.

Art. 11. Les navires affectés au transport des émigrants, doivent avoir un entre-pont, soit à demeure, soit provisoire, présentant 1 mètre 85 cent. au moins de hauteur entre barrots.

Lorsqu'ils recevront un nombre de passagers suffisant pour occuper l'espace déterminé d'après les bases ci-dessus indiqués (1 m. 85 ou 2m,04 par passager), l'entre-pont sera laissé entièrement libre, sauf les parties ordinairement occupées par le logement du capitaine, des officiers et de l'équipage.

Lorsque le chiffre de passagers sera inférieur à la capacité réglementaire du navire, l'espace inoccupé pourra être affecté au placement des provisions (la viande et le poisson exceptés), des bagages, et même d'une certaine quantité de marchandises ; le tout réglé proportionnellement à la diminution du nombre des passagers qni aurait pu être embarqué.

Art. 12. Il est interdit de charger, à bord d'un navire affecté au transport des émigrants, aucune marchandise qui serait reconnue dangereuse ou insalubre.

Art. 13. Les approvisionnements, soit qu'ils aient été embarqués par les émigrants eux-mêmes, soit qu'ils doivent être fournis par le capitaine du navire, seront faits en présence de la plus longue durée probable du voyage.

La durée du voyage sera calculée, ainsi qu'il suit :

Pour New-York et les autres ports de l'Union américaine situés sur l'Océan atlantique septentrional............................ 55 jours.
Pour le Canada.. 60
Pour la Nouvelle-Orléans.. 65
Pour les Antilles... 55
Pour le golfe du Mexique.. 70
Pour le Brésil.. 70
Pour la Plata... 80
Pour les pays situés au-delà des caps Horn et de Bonne-Espérance, au sud de l'Équateur.................................. 120
Pour les pays situés au-delà des caps Horn et de Bonne Espérance, au nord de l'Équateur............................... 160

Des arrêtés du ministre de l'agriculture, du commerce et des travaux publics pourront, soit modifier les chiffres ci-dessus, soit fixer, pour les destinations non prévues par le présent article, la durée maxima des traversées.

Art. 14. Les quantités et espèces de vivres dont l'émigrant ou l'entrepreneur devra s'approvisionner seront fixées, pour chaque destination, par le commissaire de l'émigration.

Art. 15. Le navire sera pourvu des ustensiles de cuisine, du combustible et de la vaisselle nécessaires. Il y aura une balance des poids et des mesures de capacité dont il sera fait usage à la réquisition des passagers.

Art. 16. Les couchettes devront avoir intérieurement 1 mètre 85 centimètres de longueur et 46 centimètres de largeur.

Il n'y aura, en aucun cas, plus de deux rangées de couchettes.

Le fond des couchettes inférieures devra être élevé au moins de 14 centimètres au-dessus des bordages du pont inférieur. Le fond des couchettes supérieures devra être à la moitié de la distance qui sépare le pont supérieur du fond des couchettes inférieures.

Les objets de couchage seront chaque jour exposés à l'air sur le pont, lorsque le temps le permettra.

L'entre-pont sera purifié avec du lait de chaux, au moins une fois par semaine.

Art. 17. Le navire aura, sur le pont et sur l'avant, au moins deux lieux d'aisances destinés à l'usage des passagers.

Il aura, en outre, un cabinet d'aisances à l'usage exclusif des femmes.

Art. 18. Il y aura à bord un chirurgien.

Le navire sera muni d'un coffre à médicaments suffisamment pourvu, ainsi que d'une instruction sur l'emploi desdits médicaments.

Art. 19. Le navire devra être muni d'une chaloupe et de canots, en nombre suffisant pour les éventualités de la traversée.

Il sera pourvu de pièces à eau, de manches à vent et autres appareils propres à assurer la ventilation.

TITRE III.

Art. 20. L'armateur ou le capitaine de tout navire affecté au transport des émigrants doit aviser de la mise en armement du navire, et de l'époque du départ, le capitaine de port et le commissaire de l'émigration.

Art. 21. Avant le départ, le navire sera visité par les officiers institués par la loi du 15 août 1791 pour certifier sa navigabilité ; ces officiers constateront, en outre, si l'équipage est suffisant pour la traversée, et remettront au commissaire de l'émigration le certificat de cette double vérification.

Le commissaire de l'émigration devra, de son côté, vérifier l'état des aménagements et approvisionnements, au point de vue des prescriptions du présent décret.

Les résultats de cette double visite seront constatés sur les papiers de bord.

En cas d'inexécution des prescriptions édictées par le présent décret, le commissaire de l'émigration pourra s'opposer à l'embarquement des émigrants.

Art. 22. Le capitaine ou l'armateur devra remettre, vingt-quatre heures avant le départ, au commissaire de l'émigration, la liste exacte des passagers émigrants qu'il doit transporter, avec indication de l'âge, du sexe, de la nationalité et de la destination de chacun d'eux.

Si, après la remise de cette liste, de nouveaux passagers émigrants se présentent pour l'embarquement, le capitaine ou l'armateur adressera au commissaire de l'émigration autant de listes supplémentaires qu'il sera nécessaire, rédigées dans la même forme que ci-dessus.

La liste primitive, ainsi que les listes supplémentaires, dont un double sera annexé aux papiers de bord, seront définitivement visées et signées, au moment du départ, par le commissaire de l'émigration et par le capitaine ou l'armateur.

Après la clôture de ces listes définitives, aucun émigrant ne sera admis à bord.

Art. 23. Il est interdit de recevoir à bord aucun passager atteint de maladie grave ou contagieuse.

Les sommes payées pour le passage seront restituées à tout émigrant empêché de partir pour cette cause, ainsi qu'aux membres de sa famille, si ceux-ci restent à terre avec lui.

Art. 24. Les émigrants auront le droit d'être reçus à bord la veille du jour fixé pour le départ.

Ils auront également le droit de séjourner à bord pendant les vingt-quatre heures qui suivront le mouillage du navire, dans le port de destination, à moins que le navire ne soit obligé de repartir immédiatement.

Art. 25. Dans le cas où le navire ne quitterait pas le port au jour fixé pour le départ, le capitaine, l'armateur ou l'entrepreneur sera tenu de payer aux émigrants une somme de 1 fr. 50 cent. par jour de retard, afin de les indemniser de leurs dépenses à terre.

Si le délai dépasse dix jours, le contrat souscrit par l'émigrant pourra, au gré de celui-ci, être résilié, et, dans ce cas, le prix du passage sera restitué, sans préjudice des dommages-intérêts qui pourront être alloués à l'émigrant par les tribunaux ordinaires.

Si le retard est produit par le mauvais temps ou le vent contraire (circonstances qui seront appréciées par le commissaire de l'émigration), l'indemnité prévue par le premier paragraphe du présent article ne sera point due, pourvu que les émigrants soient logés à bord.

Art. 26. Tout navire affrété pour transporter des émigrants devra, quel qu'en soit le nombre, les conduire directement dans le port de destination, à moins de stipulations contraires.

Dans le cas où, volontairement, le navire se détournerait de sa route, ou ferait relâche, les émigrants seront logés et nourris à bord, au compte du navire, pendant toute la durée de la relâche, non indemnisés de leurs dépenses supplémentaires par le capitaine, l'armateur ou l'entrepreneur ; le tout, sans préjudice des dommages-intérêts qui pourront être dus.

Art. 27. Les dispositions du présent décret seront exécutoires à partir du 1er mars 1855.

Art. 28. Nos ministres secrétaires d'État au département de l'agriculture, du commerce et des travaux publics, au département de l'intérieur, au département des affaires étrangères et au département des finances, sont chargés, chacun en ce qui le concerne, de l'exécution du présent décret.

ART. 9.

RECRUTEMEMT DE L'ARMÉE. — APPEL D'HOMMES.

24 *janv.* 1855, *promulg. le* 25. — *Loi relative à un ap-*
pel *de cent quarante mille hommes sur la classe de* 1854.

Art. 1. Il sera fait, en 1855, un appel de cent quarante mille hommes, sur la classe de 1854, pour le recrutement des troupes de terre et de mer.

Art. 2. La répartition de ces cent quarante mille hommes entre les départements sera faite par un décret de l'empereur, proportionnellement au nombre des jeunes gens inscrits sur les listes de tirage de la classe appelée.

Si par suite de circonstances extraordinaires, le nombre des jeunes gens inscrits sur les listes de tirage de quelques cantons ou départements ne peut être connu dans le délai déterminé par un décret de l'empereur, ce nombre sera remplacé, pour les cantons ou départements en retard, par la moyenne des jeunes gens inscrits sur les listes de tirage des dix classes précédentes.

Le tableau général de la répartition sera inséré au Bulletin des lois.

Art. 3. La sous-répartition du contingent assigné à chaque département aura lieu, entre les cantons, proportionnellement au nombre des jeunes gens inscrits sur les listes de tirage de chaque canton.

Elle sera faite par le préfet en conseil de préfecture, et rendue publique par voie d'affiches avant l'ouverture des opérations des conseils de révision.

Dans le cas où les listes de tirage de quelques cantons ne seraient pas parvenues au préfet en temps utile, il sera procédé, pour la sous-répartition, à l'égard des cantons en retard, de la manière indiquée au paragraphe deuxième de l'art. 2 ci-dessus.

Art. 4. Les jeunes gens placés sous la tutelle des commissions administratives des hospices seront inscrits sur les tableaux de recensement de la commune où ils résident au moment de la formation de ces tableaux, ainsi qu'il a été réglé par la loi du 26 décembre 1849.

ART. 10.

COLONIES. — SUCCESSIONS VACANTES. — BIENS VACANTS.

27 *janv.* 1855, *promulg. le* 9 *fév. suivant.* — *Décret impérial sur l'administration des successions et biens vacants aux colonies, et les devoirs des officiers publics en ce qui concerne cette administration.*

NAPOLÉON, etc., etc.

Sur le rapport de notre ministre secrétaire d'État de la marine et des colonies,

Vu l'article 6, nos 1 et 15 du sénatus-consulte du 3 mai 1854 ;

Vu l'édit du 24 novembre 1781, concernant les successions vacantes dans les colonies françaises de l'Amérique ;

Les arrêtés du capitaine général des îles de France et de la réunion des 15 brumaire an 12, 1er brumaire an 14, et 6 septembre 1809, et l'ordonnance du commandant et administrateur, du 26 septembre 1825 ;

L'ordonnance royale du 16 mai 1832, qui remet l'administration de la curatelle aux receveurs de l'enregistrement ;

Notre conseil d'État, entendu,

Avons décrété et décrétons ce qui suit :

TITRE Ier.

De l'administration des successions et biens vacants, et des devoirs des officiers publics en ce qui concerne cette administration.

CHAPITRE Ier.

Des curateurs d'office et de leurs attributions.

Article 1er. Dans les colonies de la Martinique, de la Guadeloupe et de la Réunion, les fonctions de curateur d'office sont remplies, dans chaque arrondissement judiciaire, par un receveur de l'enregistrement désigné par le ministre de la marine et des colonies.

Le receveur de l'île Saint-Martin (Guadeloupe) est investi des mêmes fonctions dans cette dépendance.

Art. 2. Ces receveurs exercent toutes les attributions conférées par la législation coloniale aux curateurs d'office.

En conséquence, ils ont l'administration de tous les intérêts et de tous les biens attribués à la curatelle par cette législation.

Ils exercent et poursuivent les droits des parties-intéressés qu'ils représentent.

Ils répondent aux demandes formées contre elles.

Le tout à la charge de rendre compte à qui il appartiendra.

Art. 3. Les receveurs investis de la curatelle fournissent un cautionnement pour garantie de leur gestion envers les ayants-droit.

Ce cautionnement peut être fourni en numéraire ou en immeubles.

La quotité en est déterminée par arrêté du gouverneur, sous l'approbation de notre ministre de la marine et des colonies. Le cautionnement en immeubles doit être d'une valeur double du cautionnement en argent.

Sont applicables aux cautionnements fournis en numéraire et en immeubles par les curateurs, les règles et formalités prescrites en matière de cautionnements pour les receveurs de l'enregistrement et les conservateurs des hypothèques.

Art. 4. Le cautionnement subsiste et conserve son affectation jusqu'à la décision qui décharge définitivement le curateur de sa gestion.

Art. 5. Le curateur ne peut se dispenser de poursuivre la rentrée des sommes dues aux personnes qu'il représente et aux successions remises en ses mains qu'en justifiant de l'insolvabilité des débiteurs ou des autres causes qui s'opposent aux poursuites.

Toutefois, avant d'engager aucune action en justice, il doit se faire autoriser par le conseil de curatelle institué par le présent décret.

Cette autorisation n'est pas nécessaire à l'égard des actes purement conservatoires.

Art. 6. Lorsque le curateur agit sans l'autorisation du conseil de curatelle dans les cas indiqués au second paragraphe de l'article précédent, les frais qui retomberaient à la charge de la succession ou des parties qu'il représente, soit par suite de condamnations prononcées contre elles, soit par suite de l'insolvabilité de la partie adverse, peuvent être mis à la charge personnelle de cet administrateur.

Art. 7. Lorsque la valeur des biens gérés par le curateur ne s'élève pas au-delà de deux cents francs, il ne lui est rien alloué à titre de vacations ou d'indemnité.

Lorsque cette valeur excède deux cents francs, il est alloué au curateur, indépendamment de ses déboursés, pour tous droits, vacations et indemnités, une remise dont le taux est réglé d'après l'importance des intérêts qu'il a gérés, et eu égard aux soins que la curatelle a exigés.

Ces honoraires sont taxés par le jugement ou l'arrêt annuel d'apurement dont il sera parlé plus bas.

Art. 8. Dans toutes les opérations où sa présence est nécessaire, le curateur peut se faire représenter par un commis dont il demeure responsable.

Le curateur et le commis prêtent serment devant le tribunal de première instance.

Art. 9. Le curateur est responsable des fautes qu'il commet dans son administration. Cette responsabilité se détermine d'après les règles posées au titre XIII, chapitre II, du livre III du code Napoléon.

Toutefois, il ne répond que des actes de sa gestion personnelle ou de celle de son commis.

Art. 10. La gestion du curateur prend fin :

1° Par la remise à la succession, soit aux héritiers dont les droits ont été reconnus, soit au domaine ;

2° Par la liquidation entièrement effectuée de l'actif de la succession ;

3° Par la remise aux ayants-droit des biens et valeurs qu'il a administrés en leur nom.

CHAPITRE II.

Obligations des curateurs lors de l'ouverture d'une succession.

Art. 11. Aussitôt que le curateur a connaissance d'un décès autre que celui d'un fonctionnaire ou agent civil ou militaire, et qu'il ne se présente ni héritier, ni légataire universel, ni exécuteur testamentaire, il provoque immédiatement l'apposition des scellés, si elle n'a déjà été opérée.

Art. 12. L'ouverture de toute succession présumée vacante est publiée, sans frais, dans le journal officiel de la colonie, à la diligence du curateur, dans l'un des premiers numéros qui paraissent après son ouverture.

La même publication invite les créanciers de la succession à produire leurs titres, soit au curateur, soit au notaire chargé de dresser l'inventaire des biens.

Art. 13. Dans les huit jours de l'apposition des scellés, e curateur fait procéder à leur levée et à la constatation, par un inventaire, de l'état de la succession.

S'il y a lieu de présumer, avant la levée des scellés, que la succession consiste uniquement en valeurs mobilières et que ces valeurs ne s'élèvent pas à 1,000 francs, il en est dressé, par le juge de paix, un état descriptif qui tient lieu d'inventaire, et l'estimation des objets décrits dans ce procès-verbal est faite par le greffier qui assiste à l'opération.

Art. 14. Tout inventaire commence par l'examen des papiers, à l'effet de connaître les héritiers absents, s'il y en a, d'avoir des renseignements sur le lieu de leur résidence, et principalement de constater s'il existe ou n'existe pas de testament. Le résultat de ces recherches est constaté dans l'inventaire, qui doit contenir, en outre, l'indication et l'évaluation estimative des biens situés dans la colonie, et les autres mentions et formalités exigées par la loi.

Art. 15. Lorsque les papiers du défunt contiennent des renseignements sur ses héritiers, le curateur, sans attendre la fin des opérations d'inventaire, leur donne immédiatement avis, par lettre transcrite sur son registre de correspondance, de l'ouverture, et, autant que possible, des forces et charges de la succession.

Art. 16. Dans les quinze jours de la clôture de l'inventaire, le curateur adresse au directeur de l'intérieur un état contenant :

1° La date et l'indication du lieu du décès ;

2° Les nom, prénoms et qualité du décédé ;

3° Le lieu de sa naissance (commune, département) ;

4° Les noms, prénoms et demeures des héritiers absents, ou les renseignements recueillis à cet égard ;

5° Les noms, prénoms et demeures des coassociés du défunt, si celui-ci était de son vivant en société, avec indication du genre de société ;

6° Les noms et demeures des enfants et du conjoint survivant ;

7° Les nom et demeure de l'exécuteur testamentaire ;

8° Les noms et demeures des légataires universels ;

9° La date du testament ;

10° La date de l'inventaire ou de l'état descriptif;

11° Le montant de l'actif de la succession, avec l'indication des valeurs mobilières et la désignation et l'évaluation des immeubles ;

12° Le montant du passif ;

13° Les observations sur la nature de l'actif, faisant connaître si les créances actives paraissent susceptibles de recouvrement.

Cet état est transmis au ministre de la marine et des colonies, par les soins duquel un extrait en est inséré au *Moniteur* et communiqué au ministre de la justice, afin qu'une semblable insertion soit faite, à la diligence du procureur général, dans le journal du département où l'on présume que pourraient se trouver les héritiers.

CHAPITRE III.

Vente du mobilier et des immeubles.

Art. 17. Le curateur peut faire procéder à la vente des effets mobiliers susceptibles de dépérir ou dispendieux à conserver, même avant la clôture de l'inventaire, après y avoir été autorisé par ordonnance du juge.

La vente est faite dans les formes usitées pour les ventes du mobilier de l'État.

Les effets mobiliers des personnes décédées à la campagne peuvent être transportés et vendus au lieu de la résidence du curateur, ou au chef-lieu de la commune du lieu du décès, sauf, dans ce cas, à faire désigner le lieu de la vente par le juge.

Art. 18. La faculté réservée au curateur par l'article précédent, en ce qui concerne les effets mobiliers, ne s'étend pas aux bestiaux, instruments et ustensiles mobiliers servant à l'exploitation d'un domaine rural ou d'une manufacture, aux matières d'or et d'argent, et aux valeurs désignées en l'article 529 du code napoléon.

Art. 19. Si les intérêts de la succession exigent que les immeubles soient mis en vente, en tout ou en partie, cette vente ne peut avoir lieu que par autorisation de justice, rendue contradictoirement avec le ministère public et portant désignation expresse de ces immeubles.

Les mêmes formalités sont observées lorsqu'il y a lieu de procéder à la vente de titres ou valeurs négociables.

Ces titres et valeurs ne peuvent être vendus que par le ministère d'un agent de change et au cours de la place.

Art. 20. Les propriétés d'une valeur inférieure à trois mille francs peuvent être vendues aux conditions et dans les formes réglées par le juge.

Art. 21. Il est interdit au curateur de se rendre adjudicataire, directement ou indirectement, d'aucuns meubles ou immeubles et d'aucunes valeurs dépendant des biens qu'il administre, à peine de restitution des objets illégalement acquis, et s'il y a lieu, de tous dommages-intérêts.

CHAPITRE IV.

Obligations des divers fonctionnaires en ce qui concerne les successions vacantes.

Art. 22. En recevant la déclaration de tout décès, l'officier de l'état civil est tenu de s'informer si les héritiers du défunt sont présents ou connus. En conséquence, les aubergistes, hôteliers, locateurs et toutes autres personnes chez lesquelles est décédé un individu dont les héritiers sont absents ou inconnus, doivent, à peine de tous dépens et dommages-intérêts envers qui de droit, fournir à cet égard à l'officier de l'état civil tous renseignements qui peuvent être à leur connaissance, et lui déclarer en même temps si le défunt a laissé ou non des sommes d'argent, des effets mobiliers ou des papiers dans la maison mortuaire.

Art. 23. S'il résulte des informations recueillies que les héritiers du décédé ne sont ni présents ni connus, l'officier de l'état civil en donne sur-le-champ avis au procureur impérial, au juge de paix du canton et au curateur du lieu du décès.

Il leur transmet en même temps les indications qui ont pu lui être fournies sur les objets délaissés par le défunt.

Art. 24. Si le décès a eu lieu dans un hôpital, le directeur de cet établissement doit, sous la même responsabilité, en transmettre l'avis, avec les renseignements et déclaration ci-dessus indiqués, à l'officier de l'état civil et au curateur.

Art. 25. Si le décédé est un fonctionnaire ou un agent civil ou militaire, toute personne, chez laquelle le décès a eu lieu, tout directeur d'hôpital doivent transmettre les avis, renseignements et déclaration mentionnés en l'article 22 à l'officier de l'état civil et à l'officier d'administration de la marine chargé des revues, lequel procède à l'apposition des scellés et administre la succession suivant les formes et règles spéciales déterminées par les lois et ordonnances de la marine.

CHAPITRE V.

Remise des successions au domaine et vente des biens non réclamés qui en dépendent.

Art. 26. A l'expiration de la cinquième année de l'administration du curateur, s'il ne s'est présenté aucun ayant-droit, l'administration du domaine entre en possession provisoire des successions gérées par la curatelle.

Art. 27. Dans les quatre premiers mois de chaque année, le curateur dresse l'état de situation de toutes les successions non liquidées, dont l'ouverture remonte à cinq années, et qui n'ont été réclamées par aucun ayant-droit ni par le domaine.

Cet état est adressé par le curateur au procureur impérial et au chef de l'administration intérieure. Il contient :

1° Les nom, prénoms, profession et demeure du défunt ;
2° La date du décès ;
3° Le montant des recettes réalisées ;
4° Le montant des dépenses ;
5° Le détail des créances à recouvrer, avec indication du nom des débiteurs ;
6° La désignation détaillée des immeubles invendus, avec indication de leur valeur ;
7° Le montant des dettes et charges de la succession.

Art. 28. Sur la demande du curateur, s'il est encore saisi, le tribunal autorise, s'il y a lieu, la vente par adjudication publique, des biens meubles et immeubles, créances et valeurs de toute nature, appartenant aux successions ouvertes depuis plus de cinq ans et non liquidées ni réclamées.

TITRE II.

Comptabilité des successions et biens vacants.

CHAPITRE 1er.

Registres et sommiers. — Versements au trésor et paiement des dépenses.

Art. 29. Le curateur doit tenir les registres ci-après désignés :

1° Un sommier de consistance ;
2° Un registre journal de recette et de dépense ;
3° Un sommier ou grand-livre de compte ouvert.

Ces registres sont cotés et parafés par le président du tribunal de première instance de l'arrondissement.

Dans la partie française de l'île Saint-Martin, cette formalité est remplie par le juge de paix.

Art. 30. A la fin de chaque mois, le curateur fait dépôt à la caisse du trésorier de la colonie du montant intégral des recettes qu'il a effectuées pendant le mois.

Art. 31. Les paiements à faire par le curateur à la décharge des liquidations qu'il administre sont opérés, savoir : s'il s'agit de dépenses courantes, sur états ou mémoires des parties prenantes certifiés par le curateur et taxés par le juge de paix du lieu ; s'il s'agit de dettes passives, sur la reproduction des titres.

Lorsqu'il y a lieu à distribution par ordre ou contribution, le curateur ne paie que sur bordereau de collocation ou mandements régulièrement délivrés.

Art. 32. Il est interdit au curateur, sous peine de devenir personnellement responsable des sommes engagées, de faire aux liquidations qui n'ont pas de fonds réalisés des avances sur les fonds des autres liquidations.

Il est pourvu à celles de ces dépenses qui sont reconnues indispensables, conformément aux dispositions du chapitre IV du présent titre.

Art. 33. Aucun envoi en France de fonds appartenant à une succession ne peut être fait pendant la durée de l'administration du curateur, si ce n'est en vertu d'autorisation de justice. Aucune partie de ces mêmes fonds n'est remise aux héritiers présents ou représentés avant qu'ils aient repris la succession des mains du curateur.

Lorsque le curateur se trouve déchargé, aux termes de l'article 10, par la liquidation entièrement effectuée de l'actif d'une succession, les fonds déposés à la caisse du trésorier de la colonie peuvent, sur la demande des familles domiciliées en Europe, et en vertu des ordres du ministre de la marine, être remis en France à la caisse des dépôts et consignations.

Art. 34. La forme et la tenue des registres du curateur et le mode de comptabilité de la curatelle avec le trésor colonial sont réglés par un arrêté du ministre de la marine et des colonies.

CHAPITRE II.

Surveillance administrative et apurement des comptes des curateurs.

Art. 35. Les employés supérieurs de l'enregistrement vérifient chaque année, dans toutes ses parties, la gestion du curateur. Un extrait de leur rapport est transmis au procureur-général.

Art. 36. Le procureur-général et le procureur impérial sont spécialement chargés de la surveillance de la curatelle. A cet effet, ils peuvent se faire représenter sur récépissé toutes pièces et tous registres, et se transporter, au besoin, dans les bureaux du curateur, et s'y livrer à toutes les investigations qu'ils jugent convenables.

Art. 37. Dans les trois premiers mois de chaque année, le curateur présente au tribunal de première instance son compte de gestion pour l'année précédente.

Ce compte est déposé au greffe du tribunal et accompagné d'un inventaire sommaire, en double expédition, des pièces produites, et sur l'un desquels le greffier donne son reçu. Mention de cette remise est faite, à sa date, sur un registre d'ordre tenu au greffe à cet effet,

En cas de négligence dans la remise au greffe des comptes d'une ou de plusieurs liquidations dont le curateur est saisi, celui-ci peut être condamné à une amende de 100 à 500 fr.

L'amende est prononcée par le tribunal chargé de l'apurement des comptes, soit d'office, soit sur la réquisition du ministère public.

Art. 58. Indépendamment des pièces indiquées à l'article précédent, l'extrait du rapport mentionné à l'article 55 est produit au tribunal chargé d'apurer les comptes du curateur.

Art. 59. Le tribunal statue sur ces comptes dans les deux mois du dépôt fait au greffe.

Le jugement est rendu au rapport d'un juge et sur les conclusions du ministère public.

Le curateur peut, dans les trois mois, se pourvoir par requête devant la cour impériale, qui prononce en la même forme et dans le même délai.

Les comptes du curateur apurés par les tribunaux ne peuvent être attaqués par les ayants-droit et par le directeur de l'administration intérieure que pour erreur de calcul, omission, faux ou double emploi.

Art. 40. Lorsqu'il est statué par un jugement collectif sur plusieurs comptes, le jugement fixe d'une manière distincte pour chacun d'eux le montant de la recette et de la dépense, et la situation du curateur vis-à-vis des ayants-droit.

Art. 41. Les décisions annuelles qui statuent sur les comptes du curateur en exercice se bornent à fixer la situation du comptable à la fin de l'année.

Celles qui interviennent lorsque la gestion a pris fin, soit comme il est dit en l'article 10, soit par cessation de fonctions, prononcent seules la décharge définitive du curateur.

Le jugement annuel statue, s'il y a lieu, sur les honoraires acquis au curateur pour les affaires courantes, et le jugement définitif pour celles terminées ; le tout sous la réserve portée en l'article 7 ci-dessus.

Art. 42. Toute décision qui rejette comme non justifiées des dépenses portées aux comptes du curateur, peut, si les justifications sont ultérieurement produites, être, de sa part, l'objet d'un pourvoi en révision de comptes devant le tribunal qui a rendu la décision.

Ce pourvoi est formé par requête déposée au greffe, à laquelle sont jointes les pièces à l'appui. Il est statué conformément à l'art. 39.

Art. 43. Les prescriptions relatives à la présentation des comptes ne peuvent, en aucun cas, être opposées aux ayants-droit ou à leurs représentants. Le curateur est tenu de leur rendre compte à la première réquisition.

CHAPITRE III.

Conseil de Curatelle.

Art. 44. Il est formé dans chaque arrondissement judiciaire un conseil de curatelle composé ainsi qu'il suit :

Au chef-lieu judiciaire de la colonie, d'un conseiller à la cour impériale, président, du procureur impérial et d'un délégué du chef de l'administration intérieure.

Dans les autres arrondissements, du procureur impérial, président, d'un juge et d'un fonctionnaire désigné par le gouverneur.

A l'île Saint-Martin, le juge de paix exerce les attributions du conseil de curatelle.

Le conseiller et le juge faisant partie du conseil de curatelle sont désignés, au commencement de chaque année judiciaire, par les présidents de la cour et du tribunal.

Art. 45. Le conseil de curatelle est chargé d'examiner les questions relatives aux actions à introduire en justice, dans les cas prévus par le deuxième paragraphe de l'article 5 du présent décret.

Ses décisions sont motivées et rendues en forme d'avis. Leur notification au curateur est faite par le président.

Art. 46. Le conseil de curatelle se réunit toutes les fois que le besoin l'exige, sur la convocation du président ou du secrétaire.

Les procès-verbaux de ses séances sont consignés sur un registre spécial signé du président.

Les fonctions de secrétaire du conseil sont remplies par un commis greffier.

CHAPITRE IV.

Fonds de prévoyance.

Art. 47. Lorsqu'une succession n'a pas de fonds réalisés pour faire face aux dépenses indispensables de son administration ou aux frais de justice, il y est pourvu par le curateur à l'aide d'un fonds de prévoyance dans les limites ci-après indiquées.

Des arrêtés du gouverneur, rendus sur l'avis du conseil de curatelle, fixent, à chaque trimestre et plus souvent s'il est nécessaire, le montant du fonds de prévoyance à mettre à la disposition du curateur.

Art. 48. Sur le vu de l'arrêté du gouverneur, les fonds sont délivrés par la caisse coloniale, au fur et à mesure des demandes, et contre des mandats du curateur, visés par le président du conseil de curatelle, d'après la justification de l'utilité de la dépense, et, en outre, par le fonctionnaire chargé de l'ordonnancement des dépenses du service intérieur.

Art. 49. Les avances faites aux successions par le fonds de prévoyance sont remboursées au trésor par le curateur sur les premières rentrées de chacune des liquidations auxquelles elles ont été appliquées.

L'excédant des dépenses sur les recettes, s'il y en a, est passé au débit des comptes particuliers que ces dépenses concernent, et reste provisoirement, et sous toutes réserves de recouvrement ultérieur, à la charge de la caisse coloniale qui profite de la déshérence.

Art. 50. Le curateur tient un compte spécial des dépenses avancées sur le fonds de prévoyance et restant, à la charge du trésor colonial. Ce compte est annexé au compte général indiqué au chapitre II du présent titre et apuré dans les mêmes formes.

Art. 51. Pour toutes les liquidations de succession mentionnées au paragraphe 1er de l'article 7, la procédure a lieu sans frais et les actes sont enregistrés en débet, comme en matière d'assistance publique.

Dispositions générales.

Art. 52. Sont abrogées les dispositions des édits, ordonnances, arrêtés et règlements particuliers en vigueur dans lesdites colonies, qui seraient contraires aux dispositions du présent décret.

Art. 55. Notre ministre secrétaire d'Etat au département de la marine et des colonies est chargé de l'exécution du présent décret, qui sera inséré au *Bulletin des lois.*

ART. 11.

COLONIES FRANÇAISES. — Vins étrangers.

31 janv. 1855, promulg. le 3 fév. suiv. — *décret sur l'importation des vins étrangers dans les colonies françaises,*

NAPOLÉON, etc.

Sur le rapport de nos ministres secrétaires d'Etat au département de l'agriculture, du commerce et des travaux publics, et au département de la marine et des colonies,

Avons décrété et décrétons ce qui suit :

Art. 1er. Jusqu'à ce qu'il en soit autrement ordonné, les vins étrangers de toute espèce, importés de l'étranger dans les colonies de la Martinique, de la Guadeloupe, de la Guyane, de la Réunion et du Sénégal, acquitteront les droits ci-après :

Par navires français, 0,25 c. par hectolitre.

Par navires étrangers, 5 fr. par hectolitre.

Art. 2. Nos ministres secrétaires d'Etat au département de l'agriculture, du commerce et des travaux publics, au département de la marine et des colonies, et au département des finances, sont chargés, chacun en ce qui le concerne, de l'exécution du présent décret.

ART. 12.

ALGÉRIE. — ADMINISTRATION CIVILE. — LICENCIÉS EN DROIT.
— SURNUMÉRARIAT,

12 *février* 1855, promulg. le 20. — *Arrêté du Ministre de la guerre, contenant les conditions d'admission des licenciés en droit au surnumérariat administration en Algérie.*

Aux termes d'un arrêté ministériel du 17 mars 1854, sur le recrutement de l'avancement du personnel des bureaux des administrations civiles en Algérie, ce personnel se recrute, pour la majeure partie, parmi les surnuméraires ayant accompli, à ce titre, un stage d'au moins deux années.

Un arrêté du 13 septembre suivant, portant règlement sur le numérariat près des bureaux ci-dessus désignés, dispose que les surnuméraires ne reçoivent ni traitement ni indemnité, pendant la première année du stage obligatoire, mais que, s'ils sont maintenus dans le cadre à l'expiration de cette première année, ils reçoivent le titre de *surnuméraires auxiliaires* , auquel est attachée une indemnité annuelle de 1,200 fr.

Un examen attentif des conditions dans lesquelles s'accomplit le surnumérariat administratif en Algérie a fait reconnaître que, dans l'intérêt même du bon recrutement du personnel, il serait utile d'apporter quelques modifications aux dispositions qui viennent d'être indiquées.

Ces modifications auraient pour objet d'attirer dans le surnumérariat une classe de candidat offrant une présomption d'aptitude beaucoup plus fortement établie que celle résultant du baccalauréat ès sciences ou ès-lettre, au terme des études classiques ; il s'agit des licenciés en droit.

Évidemment, l'étude du droit est une excellente préparation à la carrière administrative : elle implique, d'ailleurs, de la part de celui qui l'a poussée jusqu'à l'obtention de la licence, une grande variété de connaissances accessoires, une intelligence exercée, l'habitude de la discussion et de la rédaction, enfin, une aptitude générale susceptible de s'approprier rapidement la triture des questions administratives.

L'affluence des demandes appuyées d'un diplôme de licencié en droit qui parviennent au département de la guerre pour des emplois dans les bureaux ou dans l'administration active de l'Algérie, prouve combien cette catégorie de candidats peut offrir de ressources pour le recrutement du personnel.

L'arrêté du 17 mars 1854, a bien fait la part de ces candidats, mais dans les limites qui leur rendent encore l'accès de la carrière administrative trop difficile. Les licenciés en droit concourent avec les anciens élèves des écoles spéciales et les anciens employés titulaires des administrations générales ou départementales de la métropole, *pour le cinquième des vacances* réservé à la nomination directe du ministre.

Avec ces conditions, c'est à peine si une ou deux candidatures de l'espèce, quelque méritantes qu'elles soient d'ailleurs, peuvent espérer une issue favorable dans le cours d'une année.

Le surnumérariat pourrait leur offrir une voie plus large et plus rapide, et la plupart des candidats ne manqueraient pas de s'y porter, pour peu que l'on tint compte à leur égard et de la nécessité de vivre loin de leur famille et des services qu'ils seraient capables de rendre dès le début.

Les considérations qui précèdent ont déterminé M. le maréchal ministre de la guerre à compléter son arrêté du 13 septembre 1854, sur le surnumérariat des bureaux des services administratifs de l'Algérie, par des dispositions nouvelles. Aux termes de ces dispositions, les *licenciés en droit* pourront être commissionnés immédiatement au titre de *surnuméraires auxiliaires* ; ce qui leur donnera droit à un traitement de 1,200 francs, et réduira pour eux à une année la durée du stage réglementaire.

ARRÊTÉ. — Le maréchal de France, ministre secrétaire d'État au département de la guerre.

Vu l'arrêté ministériel du 17 mars 1854, sur le recrutement et l'avancement du personnel des bureaux des services administratifs civils en Algérie ;

Ensemble, l'arrêté ministériel du 13 septembre 1854, portant règlement sur le surnumérariat près desdits bureaux.

Arrête ce qui suit :

Art. 1er. Les licenciés en droit qui n'auront pas dépassé l'âge de trente ans pourront être admis, en vertu d'une commmission ministérielle, dans les bureaux des services administratifs civils de l'Algérie, au titre de *surnuméraires auxiliaires*.

Ils jouiront de l'indemnité annuelle de 1,200 fr. attribuée à ce titre par l'art. 2 de l'arrêté du 12 septembre 1854.

Le stage qu'ils auront à accomplir ne sera que d'une année.

Toutefois, cette fixation ne constitue qu'un minimum de durée, et les surnuméraires de cette catégorie ne seront susceptibles d'être titularisés en qualité de commis ordinaire de 3e classe, au traitement de 1,800 fr. qu'après avoir été reconnus admissibles à cet emploi, à la suite de l'examen prescrit par l'article 5 de l'arrêté du 17 mars 1854.

Ils restent d'ailleurs soumis à toutes les dispositions des arrêtés susvisés des 17 mars et 13 septembre 1854, auxquels il n'est pas expressément dérogé par les dispositions qui précèdent.

Art. 2. Le gouverneur général et les préfets de l'Algérie sont chargés, chacun en ce qui le concerne, de l'exécution du présent arrêté.

A annoter :
— Au *Manuel* ; — note 199, n. 1.

ART. 13.

COLONIES. — PEINES. — TRAVAUX FORCÉS:

24 *février* 1855 , promulg. le 28. — *Sénatus-consulte qui rend exécutoire à la Martinique, à la Guadeloupe et à la Réunion, la loi du 31 mai 1854, sur l'exécution de la peine des travaux forcés.*

NAPOLÉON, etc.

Avons sanctionné et sanctionnons ce qui suit :

Le Sénat a délibéré et voté le 16 janv. 1855, conformément à l'article 27 (§ 1er) de la Constitution du 14 janvier 1852 et au sénatus-consulte organique du 5 mai 1854 (article 3, § 7), le sénatus-consulte dont la teneur suit :

Article unique. La loi du 30 mai 1854, sur l'exécution de la peine des travaux forcés, est rendue exécutoire à la Martinique, à la Guadeloupe et à la Réunion, sous les modifications suivantes :

Dans le cas prévu au deuxième paragraphe de l'article 1er de la loi, la peine sera provisoirement subie dans la colonie où la condamnation aura été prononcée.

Dans le cas prévu au troisième paragraphe de l'article 6, le libéré ne pourra être autorisé à se rendre en France. ni dans la colonie où il aura commis le crime, ni dans celle où il aura été condamné.

Le séjour dans les colonies éloignées de moins de quatre cents kilomètres des colonies énoncées dans le paragraphe précédent lui est également interdit.

A annoter :
— Au *Manuel* ; — note 222, n. 11.
— Au *Journal* ; — art. 1005.

ART. 14.

COLONIES. — MORT CIVILE. — ABOLITION.
24 *février* 1855, promulg. le 28. — *Sénatus-consulte qui rend exécutoire à la Martinique, à la Guadeloupe et à la Réunion, la loi du 30 mai 1854, portant abolition de la mort civile.*

NAPOLÉON, etc., etc.

Avons sanctionné et sanctionnons, promulgué et promulguons ce qui suit :

Le sénat a délibéré et voté le 26 janv. 1855, conformément à l'article 27 (§ 1er) de la Constitution du 14 janvier 1852, et au Sénatus-consulte organique du 5 mai 1854 (art. 3, § 7), le sénatus-consulte dont la teneur suit :

Article unique. La loi du 31 mai 1854, portant suppression de la mort civile est rendue exécutoire, à la Martinique, à la Guadeloupe et à la Réunion.

A annoter :
— Au *Manuel*: — note 222, n. 222.
— Au *Journal* ; — art. 1665.

ART. 15.

TRAITÉ INTERNATIONAL. — CORRESPONDANCE TÉLÉGRA-
PHIQUE. — BADE.

*26 février 1855 , promulg. le 6 mars suiv. — Décret
impérial portant promulgation de la convention relative au
service des correspondances télégraphiques entre la France
et le grand-duché de Bade.*

NAPOLÉON, etc ; — Sur le rapport de notre ministre des affaires
étrangères ; — Avons décrété, etc. :

Art. 1. Une convention ayant été conclue à Paris, le 22 janvier 1855,
pour régler le service des correspondances télégraphiques entre la
France et le grand-duché de Bade, et les ratifications respectives de
cet acte ayant été échangées, le 25 février de la présente année, ladite
convention, dont la teneur suit, recevra sa pleine et entière exécution.

CONVENTION.

Sa Majesté l'empereur des Français et Son Altesse Royale le régent
de Bade, voulant régler définitivement le service des dépêches sur la
ligne de télégraphie électrique établie entre les deux pays, par la convention provisoire du 25 août 1852, améliorer et simplifier la marche
suivie jusqu'à ce jour pour la perception des taxes afférentes aux offices
télégraphiques respectifs, sont convenus de négocier et conclure, dans
ce but, une convention spéciale, et ont, à cet effet, nommé leurs
plénipotentiaires, savoir, etc.

....Lesquels, après avoir échangé leurs pleins pouvoirs, trouvés en
bonne et due forme, ont arrêté les articles suivants :

Art. 1. Les hautes parties contractantes s'engagent à entretenir toujours en bon état , chacune sur son territoire et à ses frais, les fils conducteurs établis entre Strasbourg et Kehl, par suite de la convention
provisoire du 25 août, pour la jonction des lignes télégraphiques des
deux pays.

Dès que les besoins du service en feront sentir la nécessité, les administrations télégraphiques française et badoise se concerteront pour
augmenter le nombre des fils électriques actuellement existants et pour
améliorer réciproquement les moyens de communication directe entre
les stations éloignées des deux pays.

Il est également convenu que toute amélioration, tout perfectionne-
ment, qui seraient éventuellement apportés au service télégraphique
sur un point quelconque du territoire de l'une ou l'autre des hautes parties contractantes, seront d'un commun accord, autant que faire se
pourra, appliqués sur la ligne franco-badoise.

2. Les dispositions contenues, tant dans le traité télégraphique con-
clu à Paris, le 4 octobre 1852, que dans l'article additionnel à ce même
traité, signé le 22 septembre 1854, entre la France, la Belgique et la
Prusse, — cette dernière puissance stipulant, tant en son propre nom
qu'en celui des autres États composant l'union télégraphique austro-al-
lemande, ou qui y accéderaient par la suite, — continueront d'être appliquées aux dépêches télégraphiques entre la France et l'union austro-
allemande, expédiées par les lignes badoises.

Il en sera de même, désormais, pour le service direct des correspondances télégraphiques entre la France et le grand-duché de Bade, et
pour celui des dépêches télégraphiques entre la France et la Suisse, qui transiteront
par le territoire badois.

Il est convenu, toutefois:

1° Que l'échange des correspondances télégraphiques expédiées par
les lignes françaises à destination d'un point quelconque des lignes badoises, ou *vice versâ*, ne se fera que par Strasbourg et Kehl, à moins
que l'expéditeur n'ait expressément réclamé l'envoi de ses dépêches par
une autre ligne, ou que le service direct entre Strasbourg et Kehl ne se
trouve interrompu par circonstance de force majeure ;

2° Que le tarif international pour ces mêmes dépêches et pour celles
entre la France et la Suisse, qui transiteront par le grand-duché de
Bade, se composera d'une taxe badoise uniforme égale à celle de la
première zone, et d'une taxe française calculée à partir du point de la
frontière franco-allemande qui produit le moindre nombre de zones ;

3° Que la taxe locale de Strasbourg sur Kehl, ou *vice versâ*, sera réduite à celle d'une seule zone, et le produit en sera partagé par moitié
entre les offices télégraphiques des deux pays.

3. Il est expressément convenu que les dépêches d'État, dont il est
question dans l'art. 8 du traité télégraphique du 4 oct. 1852, pourront
être transmises en chiffres aux conditions réglementaires stipulées, à
cet effet, dans l'art. 12 de ce même traité.

4. Les hautes parties contractantes s'engagent sous la réserve des
dispositions contenues dans l'art. 2, à adopter toutes les modifications
qui pourront être apportées au traité télégraphique du 4 oct. 1852, ains
qu'à son article additionnel du 22 sept. 1854, conformément à l'art. 38
de ce même traité, et à les faire immédiatement appliquer au service de
la télégraphie électrique directe entre les deux pays.

5. Le règlement réciproque des comptes aura lieu à l'expiration de
chaque mois. Le décompte et la liquidation du solde se feront à la fin de
chaque trimestre.

Ces comptes comprendront les taxes en débet.

Ils seront dressés par l'administration française en francs, avec réduction en monnaie badoise, et par l'administration badoise en monnaie
Badoise, avec réduction en francs. La réduction des monnaies se fera,
en prenant la valeur de 2 fr. 50 c. comme équivalent à celle de 1 florin
42 kreutzer. Les fractions d'un demi franc ne seront pas comptées ; celles
d'un demi franc et au-dessus compteront pour un franc.

6. La présente convention sera ratifiée, et les ratifications en seront
échangées à Paris dans le délai de trois semaines, ou plus tôt, si faire se
peut. Elle sera mise à exécution à partir du 1er mars prochain, et demeurera en vigueur jusqu'au 31 mars 1866, et au-delà, jusqu'à l'expiration d'une année, à partir du jour où l'une ou l'autre des hautes parties
contractantes l'aura dénoncée.

En foi de quoi, les plénipotentiaires respectifs ont signé la présente
convention et y ont apposé leur cachet de leurs armes.

A annoter :

= Au *Journal* ; — art. 1433.

ART. 16.

ARMÉE. — APPEL A L'ACTIVITÉ.

*5 mars 1855, promulg. le 19 — Décret impérial qui ap-
pelle à l'activité les 140,000 jeunes soldat formant le
contingent de la classe de 1854.*

NAPOLÉON, etc.; — Vu la loi du 24 janv. 1855 ; — Sur le rapport de
notre ministre de la guerre ; — Avons décrété, etc. :

Art. 1. Les cent quarante mille jeunes soldats formant la classe de
1854, sont appelés à l'activité pour les armées de terre et de
mer.

2. L'époque du départ de ces cent quarante mille jeunes soldats sera
déterminée par notre ministre secrétaire d'état au département de la
guerre.

Nota. Suit la répartition entre les départements. — V. Bull. des lois,
p. 376 et suiv.

ART. 17.

UTILITÉ PUBLIQUE — PALAIS DE L'INDUSTRIE. — CHAMPS
ÉLYSÉES.

*8 mars 1855, promulg. le 23, — Décret impérial qui dé-
clare d'utilité publique le dégagement des abords du palais
de l'industrie, aux Champs Élysées.*

NAPOLÉON, etc.,

Art. 1. Est déclaré d'utilité publique le dégagement des abords du
palais de l'industrie, aux Champs Élysées.

5

2. Le préfet de la Seine, agissant au nom de l'État, est autorisé, soit à traiter à l'amiable avec les concessionnaires des panoramas, des cafés Picolo et Durandin, et avec leurs locataires, soit à poursuivre leur dépossession ou leur éviction et le règlement des indemnités qui peuvent leur être dues, dans les formes prescrites par la loi du 3 mai 1841.

La dépense prévue à l'art. 2 sera supportée par l'État et remboursée à la ville de Paris, qui en fera l'avance.

ART. 18.

CHAMBRE ET BOURSE DE COMMERCE DE PARIS. —
Contribution spéciale.

9 mars 1855, promulg. le 19. — Décret impérial relatif à la contribution spéciale à percevoir en 1855, pour les dépenses de la chambre et de la bourse de commerce de Paris.

Art. 1. Une contribution spéciale, de la somme de 51,951 fr., nécessaire au paiement des dépenses de la chambre et de la bourse de commerce de Paris, suivant les budgets approuvés, sur la proposition de la chambre de commerce de Paris, par notre ministre de l'agriculture, du commerce et des travaux publics, plus 3 c. par franc pour couvrir les non-valeurs, et 3 c. aussi par franc. pour subvenir aux frais de perception, sera répartie en 1855, savoir : 48,775 fr. sur les patentés du département de la Seine, compris dans l'art. 55 de la loi du 25 av. 1844, en ayant égard aux additions et modifications autorisées par la loi du 18 mai 1850, et 13,156 fr. sur les mêmes patentés de la ville de Paris.

2. Le produit de ladite contribution sera mis, sur les mandats du préfet de la Seine, à la disposition de la chambre de commerce de Paris, qui aura à rendre compte de sa gestion à notre ministre secrétaire d'état au département de l'agriculture, du commerce et des travaux publics.

A annoter :
== Au Manuel des Notaires ; - note 96, n. 183.

ART. 19.

DOUANES. — Colonies françaises. — Viandes salées. —
Importation.

10 mars 1855, promulg. le 23. — Décret impérial relatif à l'importation, dans les colonies françaises, des viandes salées d'origine étrangère.

Napoléon, etc.

Art. 1. Jusqu'à ce qu'il en soit autrement ordonné, les viandes salées de toute sorte, d'origine étrangère, importées de tous pays quelconques et par tous pavillons dans nos colonies de la Martinique, de la Guadeloupe, de la Guyane et de la Réunion, paieront à l'entrée un droit de 30 c. par 100 kilog.

2. L'importation de ces mêmes viandes , moyennant un droit de 30 c. par 100 kilog., est pareillement autorisée à Saint-Louis (Sénégal), mais par navire français seulement, soit directement de l'étranger, soit par extraction de l'entrepôt de Gorée.

Celles qui arriveront au Sénégal sous pavillon étranger continueront d'y être soumises au régime actuel en vigueur.

ART. 20.

ORGANISATION JUDICIAIRE. — Cour d'assises.

21 mars 1855, promulg. le 26. — Loi qui modifie l'art. 253 du c. d'inst. crim.

Article unique. L'art. 253 c. inst. crim. est remplacé par l'article suivant :

Art. 253. Dans les autres départements, la cour d'assises sera composée d'un conseiller de la cour impériale, délégué à cet effet, et qui sera président de la cour d'assises ; 2° de deux juges, pris, soit parmi les conseillers de la cour impériale, lorsque celle-ci jugera convenable de les déléguer à cet effet, soit parmi les présidents ou juges du tribunal de première instance du lieu de la tenue des assises ; 3° du procureur impérial près le tribunal ou de l'un de ses substituts sans préjudice des dispositions contenues dans les art. 265, 271 et 384 ; du greffier du tribunal ou de l'un de ses commis assermentés.

Les présidents ou juges du tribunal de première instance, du lieu de la tenue des assises, appelés à faire partie de la cour, seront désignés par le premier président, qui prendra préalablement l'avis du procureur général.

Ces désignations seront faites et publiées selon la forme et dans les délais déterminés par les art. 79 et 80 du décret du 6 juillet 1810.

A partir du jour de l'ouverture de la session, le président des assises pourvoira au remplacement des assesseurs régulièrement empêchés, et désignera, s'il y a lieu, les assesseurs supplémentaires.

A annoter :
== Au Manuel des Notaires, — note 28-1°, n. 40, dern. alin.
== Au Journal ; - - art. 1135 ; — art. 1436.

ART. 21.

TRANSCRIPTION HYPOTHÉCAIRE. — Tiers. — Actes entre-vifs. — Privilèges. — Partage. — Vente. — Échange. — Renonciation. — Jugement. — Antichrèse. — Servitude. — Usage et habitation. — Louage immobilier. — Baux a ferme. — Baux a loyer. — Action résolutoire. — Résolution. — Avoué. — Amende. — Hypothèque légale. — Date certaine. — Inscription hypothécaire. — Loi transitoire.

23 mars 1855, promulg. le 26. — Loi sur la transcription hypothécaire. (C. de P. Civ. 834, 835 ; — C. N. 625, 637, 1121, 1183, 1328, 1583, 1705, 1707, 1718, 2085, 2103-1°,-3°, 2108, 2109, 2135, 2194, 2195)

Art. 1er Sont transcrits au bureau des hypothèques de la situation des biens :

1° Tout acte entre-vifs, translatif de propriété immobilière ou de droits réels susceptibles d'hypothèque ;

2° Tout acte portant renonciation à ces mêmes droits ;

3° Tout jugement qui déclare l'existence d'une convention verbale de la nature ci-dessus exprimée ;

4° Tout jugement d'adjudication, autre que celui rendu sur licitation au profit d'un cohéritier ou d'un copartageant.

Art. 2. Sont également transcrits :

1° Tout acte constitutif d'antichrèse, de servitude, d'usage et d'habitation ;

2° Tout acte portant renonciation à ces mêmes droits ;

3° Tout jugement qui en déclare l'existence en vertu d'une convention verbale ;

4° Les baux d'une durée de plus de dix-huit années ;

5° Tout acte ou jugement constatant, même pour bail de moindre durée, quittance ou cession d'une somme équivalente à trois années de loyers ou fermages non échus.

Art. 3. Jusqu'à la transcription, les droits résultant des actes et jugements énoncés aux articles précédents ne peuvent être opposés aux tiers qui ont des droits sur l'immeuble et qui les ont conservés en se conformant aux lois.

Les baux qui n'ont point été transcrits ne peuvent jamais leur être opposés pour une durée de plus de dix-huit ans.

Art. 4. Tout jugement prononçant la résolution, nullité ou rescision d'un acte transcrit, doit, dans le mois, à dater du jour où il a acquis l'autorité de la chose jugée, être mentionné en marge de la transcription faite sur le registre.

L'avoué qui a obtenu ce jugement est tenu, sous peine de 100 fr. d'amende, de faire opérer cette mention, en remettant un bordereau rédigé et signé par lui au conservateur qui lui en donne récépissé.

Art. 5. Le conservateur, lorsqu'il en est requis, délivre, sous sa responsabilité, l'état spécial ou général des transcriptions et mentions prescrites par les articles précédents.

Art. 6. A partir de la transcription, les créanciers privilégiés ou ayant hypothèque, aux termes des art. 2125, 2127 et 2128 du Code Napoléon ne peuvent prendre utilement inscription sur le précédent propriétaire.

Néanmoins, le vendeur ou copartageant peuvent utilement inscrire les priviléges à eux conférés par les art. 2108 et 2109 du Code Napoléon, dans les quarante-cinq jours de l'acte de vente ou de partage, nonobstant toute transcription d'actes faits dans ce délai.

Les art. 834 et 835 du Code de Procédure civile sont abrogés.

Art. 7. L'action résolutoire établie par l'art. 1654 du Code napoléon, ne peut être exercée après l'extinction du privilége du vendeur, au préjudice des tiers qui ont acquis des droits sur l'immeuble du chef de l'acquéreur, et qui se sont conformés aux lois pour les conserver.

Art. 8. Si la veuve, le mineur devenu majeur, l'interdit relevé de l'interdiction, leurs héritiers ou ayants-cause, n'ont pas pris inscription dans l'année qui suit la dissolution du mariage ou la cessation de la tutelle, leur hypothèque ne date, à l'égard des tiers, que du jour des inscriptions prises ultérieurement.

Art. 9. Dans le cas où les femmes peuvent céder leur hypothèque légale ou y renoncer, cette cession ou cette renonciation doit être faite par acte authentique, et les cessionnaires n'en sont saisis à l'égard des tiers que par l'inscription de cette hypothèque prise à leur profit, ou par la mention de la subrogation en marge de l'inscription préexistante.

Les dates des inscriptions ou mentions déterminent l'ordre dans lequel ceux qui ont obtenu des cessions ou renonciations, exercent les droits hypothécaires de la femme.

Art. 10. La présente loi est exécutoire à partir du 1er janv. 1856.

Art. 11. Les art. 1, 2, 3, 4 et 9 ci-dessus ne sont pas applicables aux actes ayant acquis date certaine et aux jugements rendus avant le 1er janv. 1836.

Leur effet est réglé par la législation sous l'empire de laquelle ils sont intervenus.

Les jugements prononçant la résolution, nullité ou rescision d'un acte non transcrit, mais ayant date certaine à la même époque, doivent être transcrits conformément à l'art. 4 de la présente loi.

Le vendeur dont le privilége serait éteint au moment où la présente loi deviendra exécutoire, pourra conserver vis-à-vis des tiers l'action résolutoire qui lui appartient aux termes de l'art. 1654 du Code Napoléon, en faisant inscrire son action au bureau des hypothèques, dans le délai de six mois, à partir de la même époque.

L'inscription exigée par l'art. 8 doit être prise dans l'année à compter du jour où la loi est exécutoire ; à défaut d'inscription dans ce délai, l'hypothèque légale ne prend rang que du jour où elle est ultérieurement inscrite.

Il n'est point dérogé aux dispositions du code nap. relatives à la transcription des actes portant donation ou contenant des dispositions à charge de rendre ; elles continueront à recevoir leur exécution.

Art. 12. Jusqu'à ce qu'une loi spéciale détermine les droits à percevoir, la transcription des actes ou jugements qui n'étaient pas soumis à cette formalité avant la présente loi est faite moyennant le droit fixe d'un franc.

A annoter :

ART. 22.

ORGANISATION MARITIME. — PORT MARITIME. — OFFICIER DE PORT. — MAÎTRE DE PORT — TRAITEMENT. — DISCIPLINE,— CONGÉ.

15 juillet 1854, promulg. le 26 mars 1855 ; — Décret impérial portant organisation des officiers et des maîtres de port préposés à la police des ports maritimes de commerce.

NAPOLÉON, etc. ; — Sur le rapport de notre ministre de l'agriculture, du commerce et des travaux publics ; — Vu l'ordonnance de la marine du mois d'août 1684, liv. 4, tit. 2 : la loi des 9-13 août 1791, tit. 5, et le décret du 10 mars 1807, relatifs aux officiers et maîtres de port préposés à la police des ports de commerce ; — Notre conseil d'État entendu ; — Avons décrété, etc. :

CHAP. 1. — Classification et traitement.

Art. 1. § 1. Les agents spéciaux préposés à la police des ports de commerce sont classés, ainsi qu'il suit :

Capitaines de port,
Lieutenants de port,
Maîtres de port.

§ 2. Les capitaines et lieutenants de port sont placés dans les ports de commerce les plus importants ; ils peuvent être secondés par un ou plusieurs maîtres de port.

Les maîtres de port ne sont placés isolément que dans les ports, criques et havres d'un ordre inférieur.

2. Les capitaines et les lieutenants de port sont divisés, relativement au traitement, en deux classes, et les maîtres de port en quatre classes. Les traitements des officiers et maîtres de port sont réglés, ainsi qu'il suit :

Capitaines de 1re classe, 3,000 fr. par an ;
Capitaines de 2e classe, 2,500 fr. par an ;
Lieutenants de 1re classe, 2,000 fr. par an ;
Lieutenants de 2e classe, 1,500 fr. par an ;
Maîtres de 1re classe, 1,000 fr. par an ;
Maîtres de 2e classe, 800 fr. par an ;
Maîtres de 3e classe, 600 fr. par an ;
Maîtres de 4e classe, 400 à 500 fr. par an.

3. § 1. Outre les traitements ci-dessus fixés, les officiers et les maîtres de port reçoivent les allocations dont la perception serait autorisée par la loi annuelle des finances et que leur seraient accordées en vertu des réglements particuliers des ports, homologués par le ministre de l'agriculture, du commerce et des travaux publics, sur l'avis des chambres de commerce ; ils reçoivent aussi les rétributions qui leur seraient allouées, soit par les chambres de commerce ou les communes, pour supplément de traitement, indemnités de logement, à titre d'agents de perception, etc., soit par l'autorité chargée de la police sanitaire, lorsqu'ils sont appelés à remplir les fonctions d'agents sanitaires.

§ 2. Ils reçoivent également des honoraires :

1° Lorsqu'ils sont désignés pour des arbitrages par l'autorité compétente ;

2° Lorsque, sur la demande des particuliers, ou dans un intérêt privé, ils sont chargés de visiter les navires en partance.

Dans l'un et l'autre cas, les honoraires sont fixés conformément au tarif légal.

Toute perception ou rémunération autre que celles comprises dans les cas spécifiés ci-dessus est formellement interdite.

Il est également interdit aux officiers et aux maîtres de port de prendre aucun intérêt dans les entreprises et opérations qu'ils sont appelés à contrôler.

CHAP. 2. Condition d'admission. — Nomination. — Avancement.

4. Les candidats à l'emploi d'officier ou de maître de port doivent être âgés de trente ans au moins et de soixante ans au plus, et satisfaire à l'une des conditions suivantes :

Pour l'emploi de capitaine de port,

1° Avoir servi comme officier dans la marine de l'État ;

2° Avoir commandé pendant cinq ans au moins comme capitaine au long cours.

Pour l'emploi de lieutenant de port,

Remplir l'une des conditions indiquées dans le paragraphe précédent ou avoir servi pendant quatre ans au moins comme maître de port de première classe.

Pour l'emploi de maître de port,

1° Avoir servi comme maître à bord des bâtiments de l'État, et justifier de dix ans de navigation effective ;

2° Avoir commandé pendant cinq ans au moins comme maître au cabotage ;

3° Avoir cinq ans de services comme pilote breveté.

5. Les officiers de port sont nommés et révoqués par décret de l'empereur, sur la proposition du ministre de l'agriculture, du commerce et des travaux publics.

Les maîtres de port sont nommés et révoqués par le ministre de l'agriculture, du commerce et des travaux publics.

Les avancements de classe sont conférés par le ministre.

6. Les capitaines de port sont pris exclusivement parmi les capitaines de deuxième classe ayant au moins deux ans de service en cette qualité.

Les capitaines de deuxième classe sont pris, pour un tiers au moins, parmi les lieutenants de première classe ayant au moins deux ans de services en cette qualité.

Les lieutenants de première classe sont pris exclusivement parmi les lieutenants de deuxième classe ayant au moins deux ans de services en cette qualité.

Les lieutenants de deuxième classe sont pris, pour un tiers au moins, parmi les maîtres de port de première classe ayant au moins quatre ans de services en cette qualité.

L'avancement de classe dans le grade de maître de port n'a lieu qu'après deux ans au moins de services dans la classe immédiatement inférieure.

CHAP. 3. — Discipline. — Congé.

7. Les officiers et maîtres de port sont tenus à la subordination envers l'officier ou maître de port du grade ou de la classe supérieure, et, à classe égale, envers le chef de service.

8. Le manquement à la subordination, l'inexactitude ou la négligence dans le service sont punis :

De l'avertissement,

De la réprimande,

De la suspension avec privation de traitement pendant un temps qui ne pourra excéder quinze jours.

Les deux premières peines sont infligées par l'ingénieur en chef des ponts et chaussées, sur le rapport de l'ingénieur ordinaire et la proposition du chef de service.

La suspension est prononcée par le préfet, sur le rapport de l'ingénieur en chef.

Le préfet rend compte au ministre de l'agriculture, du commerce et des travaux publics, des motifs de la suspension et de sa durée.

9. Les suspensions de plus de quinze jours ne peuvent être prononcées que par le ministre de l'agriculture, du commerce et des travaux publics, d'après le rapport des ingénieurs et l'avis des préfets.

10. Les congés sont accordés par le ministre sur l'avis des préfets et la proposition des ingénieurs.

11. L'uniforme des officiers et maîtres de port sera réglé par un décret.

CHAP. 4. — Fonctions des officiers et maîtres de port.

12. Les officiers et les maîtres de port sont chargés de veiller à la propreté et à la sûreté matérielle des rades, des ports, bassins, quais et autres ouvrages qui en font partie.

Ils exercent, en outre, la police sur les ports et toutes les dépendances, les rades exceptées.

Ils sont assermentés devant le tribunal de première instance du lieu de leur résidence.

13. Ils surveillent l'éclairage des phares et fanaux, et les signaux, tant de jour que de nuit, dans l'étendue des ports à la surveillance desquels ils sont préposés.

Ils règlent l'ordre d'entrée et de sortie des navires dans les ports et dans les bassins ; ils fixent la place que ces navires doivent occuper, les font ranger et amarrer, ordonnent et dirigent tous les mouvements.

Ils surveillent, en outre, les délestages, et veillent notamment à ce que le lest soit pris ou déposé dans les lieux indiqués par l'ingénieur des ponts et chaussées sous les ordres immédiats duquel ils sont placés.

Ils prescrivent les mesures nécessaires pour que le lancement à la mer des navires de commerce s'effectue sans obstacle et sans accidents; ils surveillent les fumigations, le chauffage, le calfatage, le radoub et la démolition des navires.

Ils veillent à l'extinction des feux, à l'enlèvement des poudres ; aux débarquements et embarquements, ainsi qu'à la sûreté des navires, et dirigent les secours qu'il faut leur porter quand ils sont en danger, notamment en cas d'incendie.

14. Quand un naufrage a lieu dans un port ou à l'entrée du port, ils donnent les premiers ordres ; mais ils font avertir sans retard l'autorité maritime, et lui remettent, tout en continuant à la seconder, la direction du sauvetage.

Cependant, s'ils déclarent par écrit que le navire échoué forme écueil ou obstacle dans le port ou à l'entrée du port, ils peuvent prendre euxmêmes les mesures nécessaires pour faire disparaître l'écueil ou l'obstacle. Dans ce cas, une expédition de cette déclaration doit être remise à l'autorité maritime.

15. Ils signalent à l'ingénieur du port tous les faits qui peuvent intéresser l'entretien et la conservation des ouvrages dépendants du port, la situation des passes, le placement des bouées, balises et tonnes de halage. Ils reçoivent notamment et transmettent au même ingénieur, avec leur avis, les rapports exigés des pilotes par l'art. 58 du décret du 12 déc. 1809.

16. Les officiers et les maîtres de port sont pareillement chargés de la surveillance des pilotes et de la police du pilotage dans les ports où il n'existe ni officier ni officier militaire directeur des mouvements, ni agent spécial de l'autorité maritime.

Les officiers et les maîtres de port, lorsqu'ils sont chargés du pilotage, reçoivent directement des pilotes les rapports prescrits par les art. 23, 56, 57, 58, 59 et 49 du décret du 12 déc. 1806.

Dans le cas contraire, ces rapports leur sont transmis par l'intermédiaire des officiers ou agents spécialement préposés au service du pilotage.

Dans tous les cas, la surveillance des pilotes et la police du pilotage sont exercées sous la direction exclusive de l'autorité maritime.

17. Les officiers et les maîtres de port donnent aux capitaines, patrons, pilotes et maîtres haleurs, en tout ce qui concerne les mouvements des navires et l'accomplissement des mesures de sûreté, d'ordre et de police, qu'il est nécessaire d'observer ou qui sont prescrites par les règlements.

Ils donnent les ordres aux pontiers et éclusiers en tout ce qui se rapporte à la manœuvre des ponts mobiles et des écluses de navigation.

Ils requièrent, dans les cas et conditions prévus par l'art. 15 de la loi des 9-13 août 1791, les navigateurs, pêcheurs et autres personnes, pour exécuter les travaux d'office, en cas d'urgence.

18. Les officiers et les maîtres de port peuvent, en cas de nécessité, sans autre formalité que deux injonctions verbales, couper ou faire couper les amarres que les capitaines, patrons ou autres, étant dans les navires, refuseraient de larguer.

Ils ont le droit aussi, dans le cas d'urgence ou d'inexécution des ordres qu'ils auraient donnés, de se rendre à bord et d'y prendre, à la charge des contrevenants, toutes les mesures nécessaires à la manœuvre des navires.

Ils dressent des procès-verbaux contre tous ceux qui se seront rendus coupables de délits ou de contraventions aux règlements dont ils sont chargés d'assurer l'exécution.

Les procès-verbaux constatant des contraventions de simple police sont transmis au commissaire de police remplissant les fonctions du ministère public près les tribunaux de simple police.

Ceux constatant des délits de nature à entraîner des peines correctionnelles sont transmis directement au procureur impérial.

Ceux constatant des contraventions assimilées par le décret du 10 avril 1812 aux contraventions de grande voirie sont transmis à l'ingénieur des ponts et chaussées.

Dans les cas où les officiers et maîtres de port sont injuriés, menacés ou maltraités dans l'exercice de leurs fonctions et lorsqu'ils ont, en conformité de l'art. 16 de la loi du 15 août 1791, requis la force publique et ordonné l'arrestation provisoire des coupables ils doivent dresser immédiatement un procès-verbal et le transmettre directement au procureur impérial.

19. Ces officiers ou maîtres de port remettent à l'autorité maritime copie de tout procès-verbal dressé contre un pilote dans l'exercice de ses fonctions. Cette autorité donnera un reçu de la copie qui lui aura été remise ; elle aura quinze jours pour transmettre son avis à l'officier ou maître du port qui aura dressé le procès-verbal ; passé ce délai, ce dernier donnera suite audit procès-verbal, en y joignant, soit l'avis de l'autorité maritime, soit un certificat constatant qu'elle n'a fait aucune réponse.

Chap. 5. — *Rapport des officiers et maîtres de port avec les autorités supérieures.*

20. Les officiers et maîtres de port sont soumis à l'autorité du ministre de la marine et placés sous les ordres immédiats des préfets maritimes, chefs du service de la marine, commissaires de l'inscription maritime et directeurs des mouvements des ports, pour tout ce qui touche la conservation des bâtiments de l'Etat, la liberté de leurs mouvements, l'arrivée, le départ ou le séjour dans les ports de tous les objets d'approvisionnement ou d'armement destinés à la marine militaire, et pour toutes les mesures concernant la police de la pêche ou de la navigation maritimes.

Ils sont tenus, en conséquence, de faire immédiatement à l'administration de la marine le rapport des événements de mer, des mouvements des bâtiments de guerre et de tous les faits parvenus à leur connaissance qui peuvent intéresser la marine militaire.

Dans les ports de commerce attenant aux grands ports militaires, ils sont tenus d'obtempérer aux ordres des officiers directeurs de ces ports, pour tout ce qui intéresse la marine de l'Etat.

21. Les officiers et les maîtres de port sont soumis à l'autorité du ministre de l'agriculture, du commerce et des travaux publics, et placés sous les ordres immédiats des ingénieurs des ponts et chaussées du port, en ce qui concerne la police des quais, la surveillance de l'éclairage des phares et fanaux, les mesures à observer pour la construction, la conservation et la manœuvre des ouvrages dépendants du port, les lieux d'extraction ou de dépôt du lest des navires.

Ils se conforment aux ordres des maires pour ce qui intéresse la salubrité et la petite voirie.

Pour tous les cas non spécifiés dans le présent article et dans celui qui précède, ils sont placés sous l'autorité immédiate du sous-préfet de l'arrondissement.

Dispositions transitoires.

22. Les agents secondaires actuellement préposés à la police des ports de commerce, sous le titre de sergents de port, gardiens et surveillants de port, sont supprimés.

Ceux de ces agents qui satisfont aux conditions énoncées dans l'art. 5 du titre 1er du décret du 10 mars 1807 pourront être nommés maîtres de port, et prendront rang dans la classe correspondante au traitement qui leur est alloué.

Les autres pourront être commissionnés en qualité de maîtres de port de quatrième classe.

23. Sont et demeurent abrogées toutes dispositions contraires au présent décret.

24. Notre ministre secrétaire d'Etat au département de l'agriculture, du commerce et des travaux publics, et notre ministre secrétaire d'Etat au département de la marine, sont chargés, chacun en ce qui le concerne, de l'exécution du présent décret.

ART. 23.

OUVRIERS. — Asiles.

8 mars 1855, promulg. le 21 avril suivant. — *Décret impérial relatif à l'établissement sur le domaine de la couronne, à Vincennes et au Vésinet, de deux asiles pour les ouvriers convalescents ou qui auraient été mutilés dans le cours de leurs travaux.*

Art. 1. Il sera établi sur le domaine de la couronne, à Vincennes et au Vésinet, deux asiles pour les ouvriers convalescents ou qui auraient été mutilés dans le cours de leurs travaux.

2. Avant d'y être admis, l'ouvrier devra justifier qu'au moment de la maladie ou de la blessure motivant son admission, il travaillait soit à un chantier de travaux publics soumis au prélèvement établi par l'art. 5 du présent décret, soit dans une usine dont le maître a souscrit avec l'asile un abonnement pour ses ouvriers, ou qu'il appartient à une société de secours mutuels abonnée à l'asile.

3. Une commission administrative nommée par nous, et présidée par notre ministre de l'intérieur préparera les règlements nécessaires, fixera les conditions de l'admission temporaire ou viagère, déterminera les

menus travaux auxquels les pensionnaires pourront être employés, pourvoira à toutes les nécessités de l'administration.

4. Pour l'ouvrier admissible ou admis à l'asile et qui désirera rester dans sa famille, l'admission pourra être convertie en une subvention mensuelle ou annuelle dont le taux sera fixé par la commission.

5. A la dotation de l'asile sont affectés : 1° un prélèvement de 4 pour 100 sur le montant des travaux publics adjugés dans la ville de Paris et sa banlieue ; 2° les abonnements pris par les chefs d'usine et les sociétés de secours mutuels suivant les conditions réglées par la commission administrative ; 3° les subventions volontaires qui pourront être recueillies par la commission au profit de l'établissement.

ART. 24.

COLONIES. — Peines. — Travaux forcés. — Mort civile.

10 mars 1855, promulg. le 26. — *Décret impérial qui rend exécutoires, dans les colonies régies par décrets impériaux, les lois des 30 et 31 mai 1854, sur l'exécution de la peine des travaux forcés et sur l'abolition de la mort civile.*

Napoléon, etc.; — Sur le rapport de notre ministre de la marine et des colonies; — Vu les deux sénatus-consultes du 21 fév. 1855, qui portent :

Le premier, promulgation dans les colonies de la Martinique, de la Guadeloupe et de la Réunion, de la loi du 31 mai 1854, abolissant la mort civile ; — Le second, promulgation et modification de la loi du 30 mai 1854 sur l'exécution de la peine des travaux forcés en ce qui concerne les mêmes colonies; — Vu l'art. 18 du sénatus-consulte du 3 mai 1854; Avons décrété, etc. :)

Art. 1. La loi du 31 mai 1854 portant suppression de la mort civile est rendue exécutoire à la Guyane française, dans les établissements français de l'Inde, au Sénégal, à Gorée et dépendances, aux îles Saint-Pierre et Miquelon, dans les établissements français de l'Océanie, à Mayotte et dépendances, à Sainte-Marie de Madagascar.

2. La loi du 30 mai 1854, sur l'exécution de la peine des travaux forcés, est rendue exécutoire dans les mêmes colonies, sous les modifications suivantes :

1° La peine pourra, selon la décision de l'autorité locale, être subie soit dans la colonie où la condamnation aura été prononcée, soit dans un des établissements pénitentiaires spécialement prévus au premier paragraphe de l'art. 1 de la loi.

2° Quand le libéré sera autorisé à s'absenter momentanément de la colonie, il ne pourra se rendre ni en France ni dans les autres colonies françaises.

3° Les peines prévues contre les évasions seront applicables à dater de la mise à exécution de la peine.

A annoter :

— Au *Recueil des lois;* — art. 13 et 14.
— Au *Manuel des notaires;* — note 122, n. 11
— Au *Journal du manuel des notaires :*— art. 1005 ; — art. 1665.

ART. 25.

ÉCOLE MILITAIRE. — Pension.

21 mars 1855, promulg. le 13 avril suivant. — *Décret impérial qui porte à 1,500 fr. le prix de la pension à l'école impériale spéciale militaire.*

Art. 1. Le prix de la pension à l'école impériale spéciale militaire est porté au taux de 1,500 fr. ; il sera exigé de tous les élèves qui seront admis dans cet établissement par suite du concours de 1855 et des années suivantes.

2. Les dispositions antérieures contraires au présent décret sont et demeurent abrogées.

ART. 26.

CHEMIN DE FER. — SAINT-OUEN. — CEINTURE DE PARIS.

24 mars 1855, promulg. le 4 mai suivant. — Décret impérial qui approuve la convention relative à la concession d'un chemin de fer, destiné à relier la gare d'eau de Saint-Ouen au chemin de fer de ceinture.

NAPOLÉON, etc. ; — Sur le rapport de notre ministre de l'agriculture, du commerce et des travaux publics ; — Vu la loi du 3 mai 1851 ; — Vu le sénatus-consulte du 25 d'e. 1852, art. 4 ; — Vu la convention provisoire passée, le 25 mars 1855, entre notre ministre de l'agriculture, du commerce et des travaux publics, et le prince Joseph Poniatowski ; ladite convention ayant pour objet la concession d'un chemin de fer destiné à relier la gare d'eau de Saint-Ouen au chemin de fer de ceinture ; — Vu le cahier des charges annexé à ladite convention ; — Vu la dépêche du 6 janv. 1855, de M. le conseiller d'État, président de la commission mixte des travaux publics ; — Vu le certificat délivré, le 19 mars 1855, par le directeur général de la caisse des dépôts et consignations, constatant le dépôt des sommes et valeurs représentant un cautionnement de 20,000 fr.—Notre conseil d'État entendu ; — Avons, etc. :

Art. 1. Est approuvée la convention passée, le 25 mars 1855, entre notre ministre de l'agriculture, du commerce et des travaux publics, et le prince Joseph Poniatowski.

En conséquence, toutes les clauses et conditions stipulées dans ladite convention et dans le cahier des charges y annexé recevront leur pleine et entière exécution.

2. En cas de constitution de société anonyme pour l'exécution et l'exploitation du chemin de fer concédé, les actions ne pourront être négociées qu'après le versement des deux premiers cinquièmes du montant de chaque action.

ART. 27.

CONTRAINTE PAR CORPS. — GARDE DU COMMERCE. — COMMISSAIRE DE POLICE.

26 mars 1855, promulg. le 1er avril suiv. — Loi qui modifie le § 5 de l'art. 781 du code de proc. civ., et l'art. 15 du décret du 14 mars 1808.

Art. 1. Le paragraphe n° 5 de l'art. 781 c. pr. est remplacé par la disposition suivante :

N° 5. Dans une maison quelconque, même dans son domicile, à moins qu'il n'ait été ainsi ordonné par le juge de paix du lieu, lequel juge de paix devra, dans ce cas, se transporter dans la maison avec l'officier ministériel, ou déléguer un commissaire de police.

2. L'art. 15 du décret du 14 mars 1808 est abrogé. Il est remplacé par la disposition suivante :

Art. 15. Dans le cas prévu par le § 5 de l'art. 781 c. pr., il ne peut être procédé à l'arrestation qu'en vertu d'une ordonnance du président du tribunal civil, qui désigne un commissaire de police chargé de se transporter dans la maison avec le garde du commerce.

À annoter :

== Au *Manuel des notaires* : — note 21, n. 289.
== Au *Journal du Manuel des notaires* : — art. 66.

ART. 28.

ALGÉRIE. — JUSTICE DE PAIX.

23 avril 1855, promulg. le 5 mai suivant. — Décret impérial qui crée quatre nouvelles justices de paix en Algérie.

NAPOLÉON, etc. ; — Vu les art. 5 et 15 de l'ord. du 26 sept. 1842, concernant la création de nouvelles justices de paix en Algérie ; — Vu l'art. 4 du décret du 19 août 1854, portant organisation de la justice en ce pays ; — Sur le rapport de notre garde des sceaux, ministre de la justice, et conformément à l'avis de notre ministre secrétaire d'état de la guerre :

Art. 1. Sont créées ces justices de paix :

1° À Mascara, ressortissant au tribunal civil d'Oran ;
2° À Orléansville, ressortissant au tribunal d'Alger ;
3° À Milianah, ressortissant au tribunal de Blidah ;
4° À Bougie, ressortissant au tribunal de Philippeville.

2. La circonscription de chacune de ces justices de paix sera la même que celle du commissariat civil.

3. La compétence étendue, telle qu'elle est déterminée par l'art. 2 du décret du 18 août 1854, est attribuée aux juges de paix des quatre localités ci-dessus désignées.

À annoter :

- Au *Manuel des notaires* : — note 95, § 1.

ART. 29.

ARMÉE. — DOTATION. — RECRUTEMENT. — RENGAGEMENT. — REMPLACEMENT MILITAIRE. — PENSIONS DE RETRAITE.

26 avril 1855, promulg. le 28. — Loi relative à la création d'une dotation de l'armée, au rengagement, au remplacement et aux pensions de retraite.

TIT. 1. — *De la dotation de l'armée.*

Art. 1. Une dotation est créée, dans l'intérêt de l'armée, sous la surveillance et la garantie de l'État.

La dotation de l'armée est formée par les prestations en argent que détermine la présente loi.

Elle peut recevoir des dons et des legs.

La caisse de la dotation reçoit, à titre de dépôt, les versements volontaires qui lui sont faits par les militaires de tous grades, dans le cours de leur service.

Elle est gérée par l'administration de la caisse des dépôts et consignations, et constitue un service spécial, dont le budget et les comptes sont annexés à ceux du ministère de la guerre.

2. La dotation de l'armée pourvoit au payement des allocations établies par la présente loi et aux dépenses prévues par l'art. 20.

3. Les excédants disponibles sur les recettes faites par la caisse de la dotation sont successivement employés en achat de rentes sur l'État. Ces rentes sont inscrites au nom de la dotation de l'armée.

4. Une commission supérieure, composée de quinze membres nommés par l'empereur, et dont les fonctions sont gratuites, surveille et contrôle toutes les opérations relatives à la dotation de l'armée.

Cette commission comprend au moins trois membres du sénat, et trois députés au corps législatif.

Elle présente chaque année, à l'empereur, un rapport sur la situation générale de la dotation.

TIT. 2. — *De l'exécution du service.*

5. Les jeunes gens compris dans le contingent annuel obtiennent l'exonération du service, au moyen de prestations versées à la caisse de la dotation, et destinées à assurer leur remplacement dans l'armée, par la voie du rengagement d'anciens militaires.

6. Le taux de la prestation individuelle est taxé chaque année, sur la proposition de la commission supérieure, par un arrêté du ministre de la guerre.

7. Les versements des prestations à la caisse de la dotation se vont être effectués dans les 3 jours qui suivent la clôture des opérations des conseils de révision.

A l'expiration de ce délai, le conseil de révision, réuni au chef-lieu de département, prononce les exonérations sur la présentation des récépissés de versement.

8. Les militaires sous les drapeaux peuvent être admis à l'exonération du service par le versement d'une prestation dont le taux est fixé conformément aux dispositions des art. 5 et 6.

L'exonération est prononcée, dans ce cas, par les conseils d'administration des corps auxquels sont présentés les récépissés de versement.

9. La caisse de la dotation est autorisée à recevoir, au nom des jeunes gens, avant l'appel de leur classe, des versements applicables à leur exonération ultérieure du service, s'il y a lieu.

10. Le mode de remplacement établi par la loi du 21 mars 1852 est supprimé, si ce n'est entre frères, beaux-frères et parents jusqu'au quatrième degré.

La substitution de numéro, autorisée par cette loi, est maintenue.

Tit. 3. — Des rengagements.

11. Les rengagements sont d'une durée de trois ans au moins et de sept ans au plus.

Ils ne peuvent être contractés que par les militaires qui accomplissent leur septième année de service, soit dans l'armée active, soit dans la réserve, ou par les engagés volontaires qui sont dans leur quatrième année de service.

Leur durée est réglée de manière que les militaires ne soient pas maintenus sous les drapeaux après l'âge de quarante-sept ans.

12. Le premier rengagement de sept ans donne droit :

1° A une somme de 1,000 fr., dont 100 fr. payables le jour du rengagement ou de l'incorporation, 200 fr. soit au jour du rengagement ou de l'incorporation, soit pendant le cours du service, sur l'avis du conseil d'administration du corps, et 700 fr. à la libération définitive du service ;

2° A une haute paye de rengagement de 10 c. par jour.

Tout rengagement contracté pour moins de sept ans donne droit, jusqu'à quatorze ans de service :

1° A une somme de 100 fr. par chaque année, payable à la libération du service ;

2° A la haute paye de rengagement de 10 c. par jour.

Après quatorze ans de service, le rengagé n'a droit qu'à une haute paye de rengagement de 20 c.

13. L'engagement volontaire après libération, contracté dans les conditions prescrites par l'art. 11, et moins d'une année après cette libération, donne droit, suivant sa durée, aux avantages spécifiés par l'article précédent.

14. Sur la proposition de la commission supérieure, un arrêté du ministre de la guerre peut augmenter les allocations fixées par l'art. 12, autres que la haute paye.

15. En cas d'insuffisance du nombre des rengagements et des engagements volontaires après libération, comparé à celui des exonérations, des remplacements sont effectués par voie administrative.

Le prix de ces remplacements est à la charge de la dotation de l'armée.

Il est fixé, ainsi que le mode de payement, par la commission supérieure, dans les formes indiquées à l'article précédent.

16. Les sous-officiers nommés officiers, ou appelés à l'un des emplois militaires qui leur sont dévolus en vertu des lois et règlements, ont droit, aux sommes allouées pour rengagement, à une part proportionnelle à la durée du service qu'ils ont accompli.

17. Les dispositions de l'article précédent sont applicables aux militaires réformés et aux militaires passant dans un autre corps qui ne se recrute pas par la voie des appels.

Néanmoins, les sommes dues à ces derniers ne leur sont payées, en tout ou en partie, que sur l'avis du conseil d'administration du nouveau corps.

18. Les sommes attribuées par les art. 12 et 15 aux rengagés et aux engagés volontaires après libération, sont incessibles et insaisissables.

En cas de mort, une part de ces sommes, proportionnelle à la durée du service, est dévolue aux héritiers et ayants-cause des militaires.

En cas de déshérence, les sommes dues profitent à la dotation de l'armée.

Tit. 4. — Des pensions de retraite des sous-officiers, caporaux, brigadiers et soldats.

19. Le maximum et le minimum de la pension de retraite, fixés par la loi du 11 avril 1851, sont augmentés de 165 fr. pour les sous-officiers, caporaux, brigadiers et soldats.

Le droit à la pension de retraite par ancienneté est acquis à ces militaires à vingt-cinq ans accomplis de service effectif.

Toutes les autres dispositions de la loi du 11 avril 1851 sont maintenues.

20. Le surcroît de dépenses résultant de l'exécution de l'article précédent est prélevé sur l'actif de la dotation de l'armée, mais seulement en ce qui concerne les pensions des militaires des corps qui se recrutent par la voie des appels.

Tit. 5. — Dispositions générales et transitoires.

21. Les sous-officiers, caporaux, brigadiers et soldats qui sont actuellement sous les drapeaux sont tenus, quels que soient leur âge et la durée de leur service, d'accomplir le temps de leur engagement.

Les mêmes militaires qui, au jour de la promulgation de la loi, n'auraient pas encore vingt-cinq ans de service effectif, pourront être autorisés à se rengager, même quand ils seraient âgés de plus de quarante-sept ans.

22. Le règlement d'administration publique à intervenir concernant les mesures nécessaires à l'exécution de la présente loi déterminera :

1° Les formes des demandes d'exonération et les conditions de leur admission ;

2° L'organisation de la caisse de la dotation de l'armée et de son service spécial ; le mode de remboursement et le taux de l'intérêt des sommes qui y seront déposées ; les conditions de payement des sommes allouées aux rengagements, et les rapports financiers entre l'Etat, la caisse des dépôts et consignations et la dotation de l'armée ;

3° Le mode d'exécution de l'art. 9 relatif aux versements faits avant l'appel ;

4° Les formes et les conditions générales des remplacements, dans le cas prévu par l'art. 15.

23. La présente loi est exécutoire à partir du 1er janvier 1856.

Toutes dispositions contraires sont abrogées à partir de la même époque.

Néanmoins, les rengagements et engagements contractés dans les conditions de la présente loi, pendant l'année 1855, compteront pour l'exonération des jeunes gens compris dans le contingent de la classe de ladite année, et donneront droit, en conséquence, aux allocations réglées par les art. 12 et 13.

Il sera pourvu aux dépenses qui résulteront, en 1855, de l'application des dispositions du paragraphe précédent, à l'aide des avances qui pourront être faites à la dotation de l'armée par la caisse des dépôts et consignations. Ces avances seront remboursées, en 1856, sur le produit des versements faits pour exonération du service militaire.

Les dispositions de l'art. 19 de cette loi sont applicables aux pensions de retraite qui seront concédées en 1855, à partir de sa promulgation.

A annoter :

= Au *Manuel* ; — note 155, n. 22 et 23.

ART. 30.

BREVET D'INVENTION. — EXPOSITION UNIVERSELLE.

2 mai 1855, promulg. le 5. — *Loi qui garantit, jusqu'au 1er mai 1855, les inventions industrielles et les dessins de fabrique admis à l'exposition universelle de 1855.*

Art. 1. Tout Français ou étranger, auteur, soit d'une découverte ou invention susceptible d'être brevetée, aux termes de la loi du 5 juillet 1844, soit d'un dessin de fabrique qui doive être déposé, conformément à la loi du 18 mars 1806, ou ses ayants-droit, pourront, s'ils sont admis à l'exposition universelle, obtenir de la commission impériale d'exposition un certificat descriptif de l'objet déposé.

La demande de ce certificat doit être faite dans le premier mois, au plus tard, de l'ouverture de l'exposition.

2. Ce certificat assure à celui qui l'obtient les mêmes droits que lui conféreraient un brevet d'invention, à dater du jour d'admission par le

comité local de l'exposition jusqu'au 1er mai 1856, lors même que cette admission serait antérieure à la promulgation de la présente loi, et sans préjudice du brevet que l'exposant peut prendre, ou du dépôt qu'il peut opérer avant l'expiration de ce terme.

3. Les demandes de certificats doivent être accompagnées d'une description exacte de l'objet à garantir, et, s'il y a lieu, d'un plan ou d'un dessin dudit objet.

Ces demandes, ainsi que les décisions prises par la commission impériale, seront inscrites sur un registre spécial, qui sera ultérieurement déposé au ministère de l'agriculture, du commerce et des travaux publics.

La délivrance de certificat est gratuite.

A annoter :
— Au *Manuel des notaires* ; — note 183, n. 17.

ART. 31.

JUSTICE DE PAIX. — COMPÉTENCE. — LOUAGE. — RÉSILIATION. — DEGRÉ DE JURIDICTION. — EXPLOIT. — AVERTISSEMENT. — CONCILIATION. — HUISSIER. — GREFFIER. — FRAIS.

2 mai 1855, promulg. le 6. — *Loi qui modifie celles des 25 mai 1838 et 20 mai 1854 , sur les justices de paix.*

Art. 1. L'art. 5 de la loi du 25 mai 1838, modifié par la loi du 20 mai 1854, est remplacé par la disposition suivante :

Art. 5. Les juges de paix connaissent, sans appel, jusqu'à la valeur de 100 fr., et à charge d'appel, à quelque valeur que la demande puisse s'élever, des actions en payement de loyers ou fermages, des congés, des demandes en résiliation de baux, fondées sur le seul défaut de payement des loyers ou fermages, des expulsions de lieux et des demandes en validité de saisie-gagerie, le tout lorsque les locations verbales ou par écrit n'excèdent pas annuellement 400 fr.

Si le prix principal du bail consiste en denrées ou prestations en nature appréciables d'après les mercuriales, l'évaluation sera faite sur celle du jour de l'échéance, lorsqu'il s'agira du payement des fermages. Dans tous les autres cas, elle aura lieu suivant les mercuriales du mois qui aura précédé la demande.

Si le prix principal en prestations ou en denrées n'est point appréciable d'après les mercuriales, ou s'il s'agit de baux à colons partiaires, le juge de paix déterminera la compétence, en prenant pour base du revenu de la propriété le principal de la contribution foncière de l'année courante, multiplié par cinq.

2. L'art. 17 de la loi du 25 mai 1838 est modifié ainsi qu'il suit :

Art. 17. Dans toutes les causes, excepté celles qui requièrent célérité, et celles dans lesquelles le défendeur serait domicilié hors du canton ou des cantons de la même ville, il est interdit aux huissiers de donner aucune citation en justice sans qu'au préalable le juge de paix n'ait appelé les parties devant lui, au moyen d'un avertissement sur papier non timbré, rédigé et délivré par le greffier, au nom et sous la surveillance du juge de paix, et expédié par la poste, sous bande simple, scellée du sceau de la justice de paix, avec affranchissement.

A cet effet, il sera tenu par le greffier un registre sur papier non timbré, constatant l'envoi et le résultat des avertissements ; ce registre sera coté et parafé par le juge de paix. Le greffier recevra pour tout droit, et par chaque avertissement, une rétribution de 25 c., y compris l'affranchissement, qui sera, dans tous les cas, de 10 c.

S'il y a conciliation, le juge de paix, sur la demande de l'une des parties, devra dresser procès-verbal des conditions de l'arrangement ; ce procès-verbal aura force d'obligation privée.

Dans les cas qui requièrent célérité, il ne sera remis de citation non précédée d'avertissement qu'en vertu d'une permission donnée, sans frais, par le juge de paix, sur l'original de l'exploit.

En cas d'infraction aux dispositions ci-dessus de la part de l'huissier, il supportera, sans répétition, les frais de l'exploit.

A annoter :
- Au *Manuel des notaires* ; — note 91, n. 32 et 134.
- Au *Journal du manuel des Notaires* ; — art. 1637.

ART. 32.

CHIENS. — TAXE MUNICIPALE. — IMPOT.
2 mai 1855, promulg. le 5. — *Loi relative à l'établissement d'une taxe municipale sur les chiens.*

Art. 1. A partir du 1er janv. 1856, il sera établi, dans toutes les communes et à leur profit, une taxe sur les chiens.

2. Cette taxe ne pourra excéder 10 fr., ni être inférieure à 1 fr.

3. Des décrets rendus en conseil d'État régleront, sur la proposition des corps municipaux, et après avis des conseils généraux, les tarifs à appliquer dans chaque commune.

A défaut de présentation de tarifs par la commune, ou d'avis émis par le conseil général, il est statué d'office, sur la proposition du préfet.

4. Les tarifs établis en exécution de l'art. 2 pourront être révisés à la fin de chaque période de trois ans.

5. Un règlement d'administration publique déterminera les formes à suivre pour l'assiette de l'impôt, et les cas où l'infraction à ses dispositions énoncées donnera lieu à un accroissement de taxe. Cet accroissement ne pourra s'élever à plus du quadruple de la taxe fixée par les tarifs.

6. Le recouvrement des taxes autorisées par la présente loi aura lieu comme en matière de contributions directes.

ART. 33.

BOIS DE BOULOGNE. — VILLE DE PARIS.

2 mai 1855, promulg. le 5. — *Loi qui autorise l'aliénation, par la ville de Paris, de terrains qui seront retranchés du bois de Boulogne, et la concession, à ladite ville des anciennes carrières de Passy, dépendant du domaine de l'État.*

Art. 1. La ville de Paris est autorisée à aliéner les terrains qui seront retranchés du bois de Boulogne par suite de l'exécution du plan ci-annexé de délimitation, dressé le 13 mars 1855, par l'ingénieur du service des promenades et plantations, et ceux qui en sont déjà séparés par les fortifications et qui n'ont pas d'affectation spéciale.

2. Il est fait concession gratuite à ladite ville des anciennes carrières de la plaine de Passy, dépendant du domaine de l'État, aux clauses et conditions énoncées dans les délibérations du conseil municipal, en date des 23 mars et 6 avr. 1855, lesdites carrières contenant environ 52,888 mètres, et teintes en bleu au même plan.

3. Est ratifié l'engagement pris par l'État envers la ville de Paris, par le décret du 24 août 1854, relativement à l'établissement d'un hippodrome dans la plaine de Longchamps, commune de Boulogne (Seine).

ART. 34.

VILLE DE PARIS. — EMPRUNT.

2 mai 1855, promulg. le 5. — *Loi qui autorise la ville de Paris à contracter un emprunt de 60 millions.*

Art. 1. La ville de Paris est autorisée à émettre le nombre d'obligations nécessaire pour produire, au taux de la négociation, une somme de 60 millions, remboursable en quarante années, à partir de 1858.

Cette somme sera affectée à l'achèvement de la rue de Rivoli, du boulevard du Centre et des opérations qui s'y rattachent, à celles des abords de l'Hôtel-de-Ville et de la caserne Napoléon, et enfin à l'ouverture d'un boulevard entre les places de l'Hôtel-de-Ville et du Châtelet.

L'emprunt aura lieu en totalité ou par portions, aux époques, dans la forme et aux conditions qui seront adoptées par la commission municipale et approuvées par décrets.

Le montant de l'intérêt fixe, des lots et des primes de remboursement ne pourra dépasser la limite de six pour cent fixée, pour l'emprunt antérieur de la ville, par la loi du 4 août 1851.

2. Sont ratifiés les engagements pris par l'État à l'égard de la ville.

1° Dans les décrets des 25 déc. 1852 et 15 nov. 1853, relatifs aux travaux des abords des Tuileries et du Louvre ;

2° Dans le décret du 18 oct. 1854, en ce qui concerne les opérations indiquées dans le deuxième paragraphe de l'art. 1.

3. Les actes faits au sujet desdits emprunts, et qui sont susceptibles d'enregistrement, seront passibles du droit fixe de 1 fr.

A annoter :
Au *Manuel des notaires*: — note 99, n. 1.

ART. 35.

ARMÉE. — GÉNIE. — ÉTAT-MAJOR.

3 mai 1855, promulg. le 12. — Décret impérial qui fixe le cadre de l'état-major du génie.

NAPOLÉON, etc.; — Vu l'arrêté du pouvoir exécutif en date du 27 août 1848, qui a réduit le cadre de l'état-major du génie à 430 officiers; — *Considérant* que ce cadre, tel qu'il a été fixé par l'arrêté précité, ne permet pas de satisfaire à toutes les nécessités du service; — Sur le rapport de notre Ministre de la guerre; — Avons décrété, etc.

Art. 1. Le cadre de l'état-major du génie est reporté au complet de 460 officiers, qui avait été déterminé par l'ord. du 31 oct. 1843, et comprendra :

26 colonels,
26 lieutenants-colonels,
108 chefs de bataillon,
130 capitaines de première classe,
130 capitaines de seconde classe et lieutenants.

———
460

ART. 36.

AUTORITÉ MUNICIPALE. — ORGANISATION. — CONSEIL MUNICIPAL.

5 mai 1855, promulg. le 9. — Loi sur l'organisation municipale.

Art. 1. Le corps municipal de chaque commune se compose du maire, d'un ou plusieurs adjoints, et des conseillers municipaux.

Les fonctions des maires, des adjoints et des autres membres du corps municipal sont gratuites.

2. Le maire et les adjoints sont nommés par l'empereur, dans les chefs-lieux de département, d'arrondissement et de canton, et dans les communes de trois mille habitants et au-dessus.

Dans les autres communes, ils sont nommés par le préfet, au nom de l'empereur.

Ils doivent être âgés de 25 ans accomplis, et inscrits, dans la commune, au rôle de l'une des quatre contributions directes.

Les adjoints peuvent être pris, comme le maire, en dehors du conseil municipal.

Le maire et les adjoints sont nommés pour cinq ans.

Ils remplissent leurs fonctions, même après l'expiration de ce terme, jusqu'à l'installation de leurs successeurs.

Ils peuvent être suspendus par arrêté du préfet.

Cet arrêté cessera d'avoir effet s'il n'est confirmé, dans le délai de deux mois, par le ministre de l'intérieur.

Les maires et les adjoints ne peuvent être révoqués que par décret de l'empereur.

3. Il y a un adjoint dans les communes de deux mille cinq cents habitants et au-dessous; deux dans celles de deux mille cinq cent un à dix mille habitants. Dans les communes d'une population supérieure, il pourra être nommé un adjoint de plus par chaque excédant de vingt mille habitants.

Lorsque la mer ou quelque autre obstacle rend difficiles, dangereuses ou momentanément impossibles, les communications entre le chef-lieu et une fraction de commune, un adjoint spécial, pris parmi les habitants de cette fraction, est nommé en sus du nombre ordinaire : cet adjoint spécial remplit les fonctions d'officier de l'état civil, et peut être chargé de l'exécution des lois et règlements de police dans cette partie de la commune.

4. En cas d'absence ou d'empêchement, le maire est remplacé par un de ses adjoints, dans l'ordre des nominations.

En cas d'absence ou d'empêchement du maire et des adjoints, le maire est remplacé par un conseiller municipal désigné par le préfet, ou, à

défaut de cette désignation, par le conseiller municipal le premier dans l'ordre du tableau.

Ce tableau est dressé d'après le nombre des suffrages obtenus, et en suivant l'ordre des scrutins.

5. Ne peuvent être ni maires ni adjoints :

1° Les préfets, sous-préfets, secrétaires généraux et conseillers de préfecture ;

2° Les membres des cours, des tribunaux de première instance et des justices de paix ;

3° Les ministres des cultes ;

4° Les militaires et employés des armées de terre et de mer en activité de service ou en disponibilité ;

5° Les ingénieurs des ponts et chaussées et des mines en activité de service, les conducteurs des ponts et chaussées et les agents-voyers ;

6° Les agents et employés des administrations financières et des forêts, ainsi que les gardes des établissements publics et des particuliers ;

7° Les commissaires et agents de police ;

8° Les fonctionnaires et employés des collèges communaux et les instituteurs primaires communaux ou libres ;

9° Les comptables et les fermiers des revenus communaux et les agents salariés par la commune.

Néanmoins, les juges suppléants aux tribunaux de première instance et les suppléants de juges de paix peuvent être maires ou adjoints.

Les agents salariés du maire ne peuvent être ses adjoints.

Il y a incompatibilité entre les fonctions de maire et d'adjoint et le service de la garde nationale.

6. Chaque commune a un conseil municipal composé de dix membres, dans les communes de cinq cents habitants et au-dessous ;

De 12, dans celles de	501 à	1,500 ;
De 16, dans celles de	1,501 à	2,500 ;
De 21, dans celles de	2,501 à	3,500 ;
De 23, dans celles de	3,501 à	10,000 ;
De 27, dans celles de	10,001 à	30,000 ;
De 30, dans celles de	30,001 à	40,000 ;
De 32, dans celles de	40,001 à	50,000 ;
De 34, dans celles de	30,001 à	60,000 ;
De 36, dans celles de	60,001 et	au-dessus.

7. Les membres du conseil municipal sont élus par les électeurs inscrits sur la liste communale dressée en vertu de l'art. 13 du décret du 2 févr. 1852.

Le préfet peut, par un arrêté pris en conseil de préfecture, diviser les communes en sections électorales.

Il peut, par le même arrêté, répartir entre les sections le nombre des conseillers à élire, en tenant compte du nombre des électeurs inscrits.

8. Les conseillers municipaux doivent être âgés de vingt-cinq ans accomplis.

Ils sont élus pour cinq ans.

En cas de vacance, dans l'intervalle des élections quinquennales, il est procédé au remplacement quand le conseil municipal se trouve réduit aux trois quarts de ses membres.

9. Ne peuvent être conseillers municipaux :

1° Les comptables de deniers communaux et les agents salariés de la commune ;

2° Les entrepreneurs de services communaux ;

3° Les domestiques attachés à la personne ;

4° Les individus dispensés de subvenir aux charges communales, et ceux qui sont secourus par les bureaux de bienfaisance.

10. Les fonctions de conseiller municipal sont incompatibles avec celles

1° De préfets, sous-préfets, secrétaires-généraux, conseillers de préfecture ;

2° De commissaires et d'agents de police ;

3° De militaires ou employés des armées de terre et de mer en activité de service ;

4° Des ministres des divers cultes en exercice dans la commune ;

Nul ne peut être membre de plusieurs conseils municipaux.

11. Dans les communes de cinq cents âmes et au-dessus, les parents au degré de père, de fils, de frère, et les alliés au même degré, ne peuvent être en même temps membres du conseil municipal.

12. Tout conseiller municipal qui, par une cause survenue postérieurement à sa nomination, se trouve dans un des cas prévus par les art. 9

10 et 11, est déclaré démissionnaire par le préfet, sauf recours au conseil de préfecture.

13. Les conseils municipaux peuvent être suspendus par le préfet; la dissolution ne peut être prononcée que par l'empereur.

La suspension prononcée par le préfet sera de deux mois, et pourra être prolongée par le ministre de l'intérieur jusqu'à une année; à l'expiration de ce délai, si la dissolution n'a pas été prononcée par un décret, le conseil municipal reprend ses fonctions.

En cas de suspension, le préfet nomme immédiatement une commission pour remplir les fonctions du conseil municipal dont la suspension a été prononcée.

En cas de dissolution, la commission est nommée soit par l'empereur, soit par le préfet, suivant la distinction établie au § 1 de l'art. 2 de la présente loi.

Le nombre des membres de cette commission ne peut être inférieur à la moitié de celui des conseillers municipaux.

La commission nommée en cas de dissolution peut être maintenue en fonctions jusqu'au renouvellement quinquennal.

14. Dans la ville de Paris, dans les autres communes du département de la Seine, et dans la ville de Lyon, le conseil municipal est nommé par l'empereur, tous les cinq ans, et présidé par un de ses membres, également désigné par l'empereur.

Les conseils de Paris et Lyon sont composés de trente-six membres.

Il n'est pas autrement dérogé aux lois spéciales qui régissent l'organisation municipale dans ces deux villes.

SECT. 2.— Assemblées des conseils municipaux.

Les conseils municipaux s'assemblent, en session ordinaire, quatre fois l'année : au commencement de février, mai, août et novembre. Chaque session peut durer dix jours.

Le préfet ou le sous-préfet prescrit la convocation extraordinaire du conseil municipal, ou l'autorise, sur la demande du maire, toutes les fois que les intérêts de la commune l'exigent.

La convocation peut également avoir lieu, pour un objet spécial et déterminé, sur la demande du tiers des membres du conseil municipal, adressée directement au préfet, qui ne peut la refuser que par un arrêté motivé. Cet arrêté est notifié aux réclamants, qui peuvent se pourvoir devant le ministre de l'intérieur.

16. La convocation se fait par écrit et à domicile.

Quand le conseil municipal se réunit en session ordinaire, la convocation se fait trois jours au moins avant celui de la réunion.

Quand le conseil municipal est convoqué extraordinairement, la convocation se fait cinq jours au moins avant celui de la réunion.

Elle contient l'indication des objets spéciaux et déterminés pour lesquels le conseil doit s'assembler.

Dans les sessions ordinaires, le conseil peut s'occuper de toutes les matières qui rentrent dans ses attributions.

En cas de réunion extraordinaire, le conseil ne peut s'occuper que des objets pour lesquels il a été spécialement convoqué.

En cas d'urgence, le sous-préfet peut abréger les délais de convocation.

17. Le conseil municipal ne peut délibérer que lorsque la majorité des membres en exercice assiste à la séance.

Lorsque, après deux convocations successives, à huit jours d'intervalle, et dûment constatées, les membres du conseil municipal ne se sont pas réunis en nombre suffisant, la délibération prise après la troisième convocation est valable, quel que soit le nombre des membres présents.

18. Les conseillers siègent dans l'ordre du tableau.

Les résolutions sont prises à la majorité absolue des suffrages.

Il est voté au scrutin secret toutes les fois que trois des membres présents le réclament.

19. Le maire préside le conseil municipal et a voix prépondérante en cas de partage.

Les mêmes droits appartiennent à l'adjoint qui le remplace.

Dans tout état de cause, les adjoints en dehors du conseil ont seulement droit d'y siéger avec voix consultative.

Les fonctions de secrétaire sont remplies par un des membres du conseil nommé au scrutin secret et à la majorité des membres présents. Le secrétaire est nommé pour chaque session.

20. Tout membre du conseil municipal qui, sans motifs légitimes, a manqué à trois convocations consécutives, peut être déclaré démission-

naire par le préfet, sauf recours, dans les dix jours de la notification, devant le conseil de préfecture.

21. Les membres du conseil municipal ne peuvent prendre part aux délibérations relatives aux affaires dans lesquelles ils ont un intérêt, soit en leur nom personnel, soit comme mandataires.

22. Les séances des conseils municipaux ne sont pas publiques.

Les délibérations sont inscrites, par ordre de date, sur un registre coté et paraphé par le sous-préfet.

Elles sont signées par tous les membres présents à la séance, ou mention est faite de la cause qui les a empêchés de signer.

Copie en est adressée au préfet ou au sous-préfet dans la huitaine.

Tout habitant ou contribuable de la commune a droit de demander communication, sans déplacement, et de prendre copie des délibérations du conseil municipal de sa commune.

23. Toute délibération du conseil municipal portant sur un objet étranger à ses attributions est nulle de plein droit.

Le préfet, en conseil de préfecture, en déclare la nullité. En cas de réclamation du conseil municipal, il est statué par un décret de l'empereur, le conseil d'État entendu.

24. Sont également nulles de plein droit, toutes les délibérations prises par un conseil municipal hors de sa réunion légale.

Le préfet, en conseil de préfecture, déclare l'illégalité de la réunion et la nullité des délibérations.

25. Tout conseil municipal qui se mettrait en correspondance avec un ou plusieurs autres conseils, ou qui publierait des proclamations ou adresses, sera immédiatement suspendu par le préfet.

26. Tout éditeur, imprimeur, journaliste ou autre, qui rendra publics les actes interdits au conseil municipal par les art. 24 et 25 de la présente loi, sera passible des peines portées en l'art. 125 c. pén.

SECT. 3.— Assemblées des électeurs municipaux, et voie de recours contre les opérations électorales.

27. L'assemblée des électeurs est convoquée par le préfet aux jours déterminés par l'art. 55 de la présente loi.

28. Lorsqu'il y aura lieu de remplacer des conseillers municipaux élus par des sections, conformément à l'art. 7 de la présente loi, ces remplacements seront faits par les sections auxquelles appartenaient ces conseillers.

29. Les sections sont présidées, savoir : la première par le maire, et les autres, successivement, par les adjoints, dans l'ordre de leur nomination, et par les conseillers municipaux dans l'ordre du tableau.

30. Le président a seul la police de l'assemblée.

Ces assemblées ne peuvent s'occuper d'autres objets que des élections qui leur sont attribuées. Toute discussion, toute délibération leur sont interdites.

31. Les deux plus âgés et les deux plus jeunes des électeurs présents à l'ouverture de la séance, sachant lire et écrire, remplissent les fonctions de scrutateurs.

Le secrétaire est désigné par le président et les scrutateurs. Dans les délibérations du bureau, il n'a que voix consultative.

Trois membres du bureau, au moins, doivent être présents pendant tout le cours des opérations.

32. Les assemblées des électeurs communaux procèdent aux élections qui leur sont attribuées, au scrutin de liste.

33. Dans les communes de deux mille cinq cents habitants et au-dessus, le scrutin dure deux jours; il est ouvert le samedi et clos le dimanche. Dans les communes d'une population moindre, le scrutin ne dure qu'un jour; il est ouvert et clos le dimanche.

34. Le bureau juge provisoirement les difficultés qui s'élèvent sur les opérations de l'assemblée.

Ses décisions sont motivées.

Toutes les réclamations et décisions sont insérées au procès-verbal; les pièces et les bulletins qui s'y rapportent y sont annexés, après avoir été paraphés par le bureau.

35. Pendant toute la durée des opérations, une copie de la liste des électeurs, certifiée par le maire, contenant les noms, domicile, qualification de chacun des inscrits, reste déposée sur la table autour de laquelle siège le bureau.

36. Nul ne peut être admis à voter s'il n'est inscrit sur cette liste.

Toutefois, seront admis à voter, quoique non inscrits, les électeurs porteurs d'une décision du juge de paix ordonnant leur inscription, ou d'un arrêt de la cour de cassation annulant un jugement qui aurait prononcé leur radiation.

57. Nul électeur ne peut entrer dans l'assemblée, s'il est porteur d'armes quelconques.

58. Les électeurs sont appelés successivement à voter par ordre alphabétique.

Ils apportent leurs bulletins préparés en dehors de l'assemblée.

Le papier du bulletin doit être blanc et sans signe extérieur.

A l'appel de son nom, l'électeur remet au président son bulletin fermé.

Le président le dépose dans la boîte du scrutin, laquelle doit, avant le commencement du vote, avoir été fermée à deux serrures dont les clefs restent, l'une entre les mains du président, l'autre entre les mains du scrutateur le plus âgé.

Le vote de chaque électeur est constaté sur la liste, en marge de son nom, par la signature ou le paraphe de l'un des membres du bureau.

L'appel étant terminé, il est procédé au réappel, par ordre alphabétique, des électeurs qui n'ont pas voté.

39. Le président doit constater, au commencement de l'opération, l'heure à laquelle le scrutin est ouvert.

Le scrutin ne peut être fermé qu'après être resté ouvert pendant trois heures au moins.

Le président constate l'heure à laquelle il déclare le scrutin clos, et, après cette déclaration, aucun vote ne peut être reçu.

40. Après la clôture du scrutin il est procédé au dépouillement de la manière suivante :

La boîte du scrutin est ouverte et le nombre des bulletins vérifié.

Si ce nombre est plus grand ou moindre que celui des votants, il en est fait mention au procès-verbal.

Le bureau désigne, parmi les électeurs présents, un certain nombre de scrutateurs.

Le président et les membres du bureau surveillent l'opération du dépouillement. Ils peuvent y procéder eux-mêmes, s'il y a moins de trois cents votants.

41. Si le dépouillement du scrutin ne peut avoir lieu le jour même, les boîtes contenant les bulletins seront scellées et déposées pendant la nuit au secrétariat dans une des salles de la mairie.

Les scellés sont également apposés sur les ouvertures du lieu où les boîtes ont été déposées.

Le maire prend toutes les autres mesures nécessaires pour la garde des boîtes du scrutin.

42. Les bulletins sont valables, bien qu'ils portent plus ou moins de noms qu'il n'y a de conseillers à élire.

Les derniers noms inscrits au delà de ce nombre ne sont pas comptés.

Les bulletins blancs ou illisibles, ceux qui ne contiennent pas une désignation suffisante, ou qui contiennent une désignation ou qualification inconstitutionnelle, ou dans lesquels les votants se font connaître, n'entrent pas en compte dans le résultat du dépouillement, mais ils sont annexés au procès verbal.

43. Immédiatement après le dépouillement, le président proclame le résultat du scrutin.

Le procès-verbal des opérations électorales est dressé par le secrétaire ; il est signé par lui et par les autres membres du bureau. Une copie, également signée du secrétaire et des membres du bureau, en est aussitôt envoyée au préfet par l'intermédiaire du sous-préfet.

Les bulletins, autres que ceux qui doivent être annexés au procès-verbal, sont brûlés en présence des électeurs.

44. Nul n'est élu au premier tour de scrutin, s'il n'a réuni, 1° la majorité absolue des suffrages exprimés ; 2° un nombre de suffrages égal au quart de celui des électeurs inscrits. Au deuxième tour de scrutin, l'élection a lieu à la majorité relative, quel que soit le nombre des votants. Les deux tours de scrutin peuvent avoir lieu le même jour.

Dans le cas où le deuxième tour de scrutin ne peut avoir lieu le même jour, l'assemblée est de droit convoquée pour le dimanche suivant.

Si plusieurs candidats obtiennent le même nombre de suffrages, l'élection est acquise au plus âgé.

45. Tout électeur a le droit d'arguer de nullité les opérations de l'assemblée dont il fait partie.

Les réclamations doivent être consignées au procès-verbal, sinon elles doivent être, à peine de nullité, déposées au secrétariat de la mairie, dans le délai de cinq jours, à dater du jour de l'élection. Elles sont immédiatement adressées au préfet, par l'intermédiaire du sous-préfet ; elles peuvent aussi être directement déposées à la préfecture, ou à la sous-préfecture, dans le même délai de cinq jours.

Il est statué par le conseil de préfecture, sauf recours au conseil d'Etat.

Si le conseil de préfecture n'a pas prononcé dans le délai d'un mois, à compter de la réception des pièces à la préfecture, la réclamation est considérée comme rejetée. Les réclamants peuvent se pourvoir au conseil d'Etat dans le délai de trois mois.

En cas de recours au conseil d'Etat, le pourvoi est jugé sans frais.

46. Le préfet, s'il estime que les conditions et les formes légalement prescrites n'ont pas été remplies, peut également, dans le délai de quinze jours, à dater de la réception du procès-verbal, déférer les opérations électorales au conseil de préfecture.

Le recours au conseil d'Etat, contre la décision du conseil de préfecture, est ouvert, soit au préfet, soit aux parties intéressées, dans les délais et les formes réglés par l'article précédent.

47. Dans tous les cas où une réclamation, formée en vertu de la présente loi, implique la solution préjudicielle d'une question d'Etat, le conseil de préfecture renvoie les parties à se pourvoir devant les juges compétents, et fixe un bref délai dans lequel la partie qui aura élevé la question préjudicielle doit justifier de ses diligences.

48. Dans le cas où l'annulation de tout ou partie des élections est devenue définitive, l'assemblée des électeurs est convoquée dans un délai qui ne peut excéder trois mois.

49. Dans les six mois qui suivront la promulgation de la présente loi, il sera procédé au renouvellement intégral des conseils municipaux, ainsi qu'à la nomination des maires et adjoints.

Les membres des conseils municipaux, les maires et adjoints actuellement en exercice, continueront leurs fonctions jusqu'à l'installation de leurs successeurs.

SECT. 4. — Dispositions particulières.

50. Dans les communes chefs-lieux de département, dont la population excède quarante mille âmes, le préfet remplit les fonctions de préfet de police, telles qu'elles sont réglées par les dispositions actuellement en vigueur de l'arrêté des consuls du 12 mess., an 8.

Toutefois, les maires desdites communes restent chargés, sous la surveillance du préfet, et sans préjudice des attributions, tant générales que spéciales, qui leur sont conférées par les lois :

1° De tout ce qui concerne l'établissement, l'entretien, la conservation des édifices communaux, cimetières, promenades, places, rues et voies publiques, ne dépendant pas de la grande voirie ; l'établissement et la réparation des fontaines, aqueducs, pompes et égouts ;

2° De la police municipale, en tout ce qui a rapport à la sûreté et à la liberté du passage sur la voie publique, à l'éclairage, au balayage, aux arrosements, à la solidité et à la salubrité des constructions privées ;

Aux mesures propres à prévenir et arrêter les accidents et fléaux calamiteux, tels que les incendies, les épidémies, les épizooties, les débordements ;

Aux secours à donner aux noyés ;

A l'inspection de la salubrité des denrées, boissons, comestibles et autres marchandises mises en vente publique, et de la fidélité de leur débit ;

3° De la fixation des mercuriales ;

4° Des adjudications, marchés et baux.

Les conseils municipaux desdites communes sont appelés, chaque année, à voter sur la proposition du préfet, les allocations qui doivent être affectées à chacun des services dont les maires cessent d'être chargés. Ces dépenses sont obligatoires.

Si un conseil n'allouait pas les fonds exigés pour ces dépenses ou n'allouait qu'une somme insuffisante, l'allocation nécessaire serait inscrite au budget par décret impérial, le conseil d'Etat entendu.

51. Sont abrogées la loi du 21 mars 1831 et les dispositions du décret du 3 juill. 1848 et de la loi du 7 juill. 1852 relatives à l'organisation des corps municipaux.

ART. 37.

BOISSONS. — SUBSTANCES. — FALSIFICATION.

5 mai 1855, promulg. le 9.—Loi qui déclare applicables aux boissons les dispositions de la loi du 27 mars 1851,

Art. 1. Les dispositions de la loi du 27 mars 1851 sont applicables aux boissons.— (A).

2. L'art. 318 et l' n° 6 de l'art 475 c. pén. sont et demeurent abrogés.

ART. 38.

LAVAL. — EVÊCHE.

5 mai 1855, promulg. le 9. — Loi relative à la création d'un nouveau siège Episcopal à LAVAL.

ART. 39.

CONCESSION. — FORÊT. — DOMAINE DE L'ÉTAT.

5 mai 1855, promulg. le 9. — Loi qui autorise la concession à M. le baron DE VEAUCE, du droit exclusif d'extraire, dans la forêt domaniale des Colettes (Allier), des terres propres à la fabrication de la porcelaine,

Art. 1. Le ministre des finances est autorisé à concéder à M. le baron de Veauce, pour quatre-vingts ans, le droit exclusif d'extraire, dans la forêt domaniale des Colettes (Allier), d'une contenance de 1,550 hectares, des terres propres à la fabrication de la porcelaine. aux charges, clauses et conditions insérées au cahier des charges annexé à la présente loi.

2. Le concessionnaire sera tenu de verser à la caisse du receveur des domaines, pour chaque are de terrain fouillé ou occupé, une indemnité de 6 fr. (600 fr. par hectare), pour les 30 premières années, et de 12 fr. (1,200 par hectare). pour les cinquante dernières années de la concession.

3. Il pourra également, pendant quatre-vingts ans, et sous la condition de verser à la même caisse une indemnité annuelle de 20 fr., disposer librement des eaux de ladite forêt dont il aura besoin, pour établir les lavoirs nécessaires à la fabrication de la porcelaine.

4. Il sera tenu de garantir l'État de toutes actions et de tous procès auxquels l'usage des eaux pourra donner lieu de la part des tiers.

5. Le concessionnaire se conformera ponctuellement, pour l'extraction des terres, pour l'usage des eaux et pour la construction des bâtiments, aux conditions énoncées dans le cahier des charges ci-joint.

6. Le concessionnaire sera déchu du droit résultant pour lui des art. 1 et 3, dans le cas où il n'aurait pas commencé les travaux dans un délai de trois ans, à partir de la promulgation de la présente loi, et dans le cas où, ultérieurement, l'exploitation aurait été suspendue pendant neuf années.

Nota. Suit le cahier des charges. — V. Bulletin des lois, p. 791 et s.

(A) Cette loi tend à la répression plus efficace de certaines fraudes dans la vente des marchandises, substances ou denrées alimentaires et médicamenteuses.

ART. 40.

BUDGET DE 1854. — BONS DU TRÉSOR. — ENREGISTREMENT. — ÉPAVES. — FRAIS DE JUSTICE. — POSTE AUX LETTRES. —PAQUETS. — BOIS DE L'ÉTAT. -- IMPÔTS. — CONTRIBUTIONS.

5 mai 1855, promulg. le 15. — Loi portant fixation du Budget des dépenses et des recettes de l'exercice 1856.

TIT. 1. — BUDGET GÉNÉRAL.

§ 1. — *Crédits à accorder.*

1. Des crédits sont ouverts aux ministres, pour les dépenses ordinaires et extraordinaires de l'exercice 1856, conformément à l'état général A ci-annexé. — Ces crédits s'appliquent à la dette publique et aux services généraux des ministères, constituant effectivement les charges de l'État, pour la somme de 1.118.715.475 fr., aux dépenses d'ordre et aux frais inhérents à la perception des impôts pour la somme de 479.573.053 fr. Total général conforme à l'état A : 1.598.288,528 fr.

§ 2. — *Impôts autorisés.*

2. Les contributions foncière, personnelle et mobilière, des portes et fenêtres et des patentes, seront perçues, pour 1856, en principal et centimes additionnels, conformément à l'état B ci-annexé et aux dispositions des lois existantes.

Le contingent de chaque département dans les contributions foncière, personnelle et mobilière, et des portes et fenêtres, est fixé, en principal, aux sommes portées dans l'état C annexé à la présente loi.

3. Lorsqu'en exécution du § 4 de l'art. 39 de la loi du 18 juillet 1837, il y aura lieu, par le gouvernement, d'imposer d'office, sur les communes, des centimes additionnels pour le payement des dépenses obligatoires, le nombre de ces centimes ne pourra excéder le maximum de 10, à moins qu'il ne s'agisse de l'acquit de dettes résultant de condamnations judiciaires, auquel cas il pourra être élevé jusqu'à 20.

4. En cas d'insuffisance des revenus ordinaires pour l'établissement des écoles primaires communales, élémentaires ou supérieures, les conseils municipaux et les conseils généraux des départements sont autorisés à voter, pour 1856, à titre d'imposition spéciale destinée à l'instruction primaire, des centimes additionnels au principal des quatre contributions directes. Toutefois, il ne pourra être voté à ce titre plus de 3 c. par les conseils municipaux et plus de 2 c. par les conseils généraux.

5. En cas d'insuffisance des centimes facultatifs ordinaires, pour concourir, par des subventions, aux dépenses des chemins vicinaux de grande communication, et, dans les cas extraordinaires, aux dépenses des autres chemins vicinaux, les conseils généraux sont autorisés à voter, pour 1856, à titre d'imposition spéciale, 5 centimes additionnels aux quatre contributions directes.

6. Continuera d'être faite pour 1856, au profit de l'État, des départements, des communes, des établissements publics et des communautés d'habitants dûment autorisées, la perception, conformément aux lois existantes, des divers droits, produits et revenus énoncés à l'état D annexé à la présente loi.

§ 3. — *Évaluation des voies et moyens et résultat général du budget.*

7. Les voies et moyens du budget de l'exercice 1856 sont évalués à la somme totale de 1.601.588.752 fr., conformément à l'état E ci-annexé, savoir : — Recettes d'ordre dont l'emploi au la re-titution figure au budget des dépenses pour la somme de 479.573.053 fr.; — Recettes applicables aux charges réelles de l'État, 1.122.015.679 fr. — Total général conforme à l'état E annexé 1.601.588,752 fr.

8. d'après les fixations établies par la présente loi, le résultat général du budget de 1856 se résume ainsi qu'il suit :

	BUDGET total.	RECETTES et dépenses d'ordre.	CHARGES et ressources de l'État.
Les dépenses ordinaires et extraordinaires s'élèvent (art. 1) à	fr. 1,398.286,528	fr. 179,575,055	fr. 1,118,713,473
Les voies et moyens ordinaires et extraordinaires montent (art. 7) à . , .	1,601,586,732	479,375,055	1,122,013,679
Excédant de recette. . .	3.300,204	»	3.500.204

Les dépenses ordinaires s'élevant d'après l'état A, à 1,357,364,529

Et les ressources ordinaires montent, suivant l'état B, à 1,577,931,940

L'excédant de recette sur le service ordinaire est de. 20,567.411

Et les dépenses pour travaux extraordinaires, qui sont (V. l'état A précité) de. . . . . . 40,721,999 f.

Comparées aux ressources extraordinaires (état E), ci. 23,654,792

présentent un excédant de. . . 17.067.207   17,067,207

qui est couvert par les ressources ordinaires du budget.

De sorte que, en définitive, le budget général se solde par un excédant de recette arrêté provisoirement, comme ci-dessus, à la somme de. . . , ...°. 3,300,204

TIT. 2. — SERVICES SPÉCIAUX.

9. Les services spéciaux rattachés pour ordre au budget de l'État sont fixés, en recette et en dépense, pour l'exercice 1856, à la somme de 29,051,869 fr., conformément à l'état F ci-annexé.

10. L'affectation aux dépenses du service départemental des ressources spécialement attribuées à ce service par la loi du 10 mai 1858, et comprises dans les voies et moyens généraux de 1856 pour 101,954,400 f., est réglée par ministère, conformément à l'état G annexé à la présente loi.

TIT. 3. — MOYENS DE SERVICE ET DISPOSITIONS DIVERSES.

11. Le ministre des finances est autorisé à créer, pour le service de trésorerie et les négociations avec la banque de France, des bons du Trésor portant intérêt, et payables à échéance fixe.

Les bons du Trésor en circulation ne pourront excéder 250,000,000 fr., y sont pas compris dans cette limite les bons délivrés à la caisse d'amortissement, en vertu de la loi du 10 juin 1833, ni les bons déposés en garantie à la banque de France et aux comptoirs d'escompte.

Dans le cas où cette somme serait insuffisante pour les besoins du service, il y sera pourvu au moyen d'émissions supplémentaires qui devront être autorisées par décrets impériaux insérés au Bulletin des lois, et soumis à la sanction du corps législatif, à sa plus prochaine session.

12. Il est ouvert au ministre de la guerre un crédit de 1,800,000 fr., pour l'inscription au trésor public des pensions militaires à liquider dans le courant de l'année 1856.

13. Les dépenses ordinaires des prisons départementales et les frais

de translation des détenus, des vagabonds et des forçats libérés, sont mis à la charge du budget de l'État.

Les grosses réparations et l'entretien des bâtiments continuent à être compris parmi les dépenses de la première section des budgets départementaux.

14. Le conseil municipal de Bordeaux est autorisé, conformément au vœu émis par lui, le 20 déc. 1854, à établir, pour la répartition de la contribution des portes et fenêtres, un tarif combiné de manière à tenir compte à la fois de la valeur locative et du nombre des ouvertures.

Les délibérations prises à ce sujet ne recevront leur exécution qu'après avoir été approuvées par un décret de l'empereur, le conseil d'État entendu.

15. L'art. 9 de la loi du 7 août 1850 est abrogé. Les droits dont la réduction a été prononcée par cet article sont rétablis, à partir du 1er mai 1855, aux quotités fixées par la loi du 22 frim. au 7 (A).

16. Les frais de régie dus à l'administration de l'enregistrement et des domaines, sur le montant des sommes et des produits qu'elle recouvre pour le compte des tiers ou qui doivent leur être remis, seront prélevés et perçus au taux uniforme de 5 fr. par 100 fr., et à titre de frais d'administration et de perception.

17. Sont définitivement acquises à l'État, dans un délai de huit années, les valeurs cotées et toutes autres valeurs quelconques, déposées ou trouvées dans les boîtes ou aux guichets des bureaux de poste, renfermées ou non dans les lettres que l'administration des postes n'aura pu remettre à destination, et dont la remise n'aura pas été réclamée par les ayants-droit.

Ce délai courra à partir du jour où les valeurs cotées auront été déposées, et de celui où les autres valeurs susmentionnées auront été trouvées dans le service des postes.

Pour les valeurs ci-dessus désignées, qui existent actuellement en dépôt à la direction générale des postes, le délai de huit années courra à partir de la promulgation de la présente loi.

18. Le port des lettres et paquets compris, par le § 11 de l'art. 2 du décret du 18 juin 1811, dans les frais de justice criminelle, sera perçu, après chaque jugement définitif, suivant le tarif ci-après :

NATURE DES AFFAIRES.		TARIF des frais de poste à percevoir.
Affaire de simple police	portée directement à l'audience. . .	0 f. 20 c.
	jugée en appel.	1 00
	portée à l'audience après instruction.	1 20
	jugée sur appel.	2 60
	jugée en cassation.	6 40
Affaire correctionnelle	portée directement à l'audience. . .	2 00
	jugée en appel.	4 40
	portée à l'audience après instruction.	3 00
	jugée sur appel.	5 20
	jugée en cassation.	9 60
Affaire criminelle	devant la haute cour.	25 00
	devant la cour d'assises.	
	en cassation.	16 60

Ces frais seront recouvrés, par les receveurs de l'enregistrement, pour le compte de l'administration des postes.

19. Le ministre des finances retirera du tableau F annexé à la loi du 7 août 1850 les forêts domaniales dont l'aliénation n'était pas effectuée à la date du 1er janv. 1855. Il est autorisé à aliéner, en remplacement, les bois portés sur le tableau H annexé à la présente loi.

20. Le ministre des finances est autorisé à aliéner des bois de l'État

(A) V. le journ. du Manuel des Notaires, art. 494.

usqu'à concurrence de 15 millions ; ces bois ne pourront être pris que parmi ceux portés sur le tableau 1 annexé à la présente loi, et seulement jusqu'à concurrence de 15 millions.

21. Lorsqu'il aura été accordé, en l'absence du corps législatif, des crédits supplémentaires pour des services prévus au budget, ou des crédits extraordinaires pour dépenses urgentes et imprévues, et que ces crédits n'auront pu être couverts par des virements de chapitres, les décrets qui les auront autorisés seront soumis à la sanction législative, savoir : ceux relatifs aux crédits extraordinaires, dans les deux premiers mois de la session qui suivra l'ouverture desdits crédits extraordinaires, et ceux relatifs aux crédits supplémentaires, dans les deux premiers mois de la session qui suivra la clôture de chacun des exercices sur lesquels les suppléments auront été accordés.

Les suppléments dont il s'agit ne pourront être employés avant leur régularisation législative, aux virements de chapitres effectués en exécution de l'art. 12 du sénatus-consulte du 25 déc. 1852.

TIT. 4. — DISPOSITIONS GÉNÉRALES.

22. Toutes contributions directes ou indirectes autres que celles autorisées par la présente loi, à quelque titre et sous quelque dénomination qu'elles se perçoivent, sont formellement interdites, à peine, contre les autorités qui les ordonneraient, contre les employés qui confectionneraient les rôles et tarifs et ceux qui en feraient le recouvrement, d'être poursuivis comme concussionnaires, sans préjudice de l'action en répétition, pendant trois années, contre tous receveurs, percepteurs ou individus qui auraient fait la perception, et sans que, pour exercer cette action devant les tribunaux, il soit besoin d'une autorisation préalable.

Il n'est pas néanmoins dérogé à l'exécution de l'art. 4 de la loi du 2 août 1829, relatif aux centimes que les conseils généraux sont autorisés à voter pour les opérations cadastrales, non plus qu'aux dispositions des lois du 10 mai 1838 sur les attributions départementales, du 18 juill. 1837 sur l'administration communale, du 21 mai 1836 sur les chemins vicinaux, et du 28 juin 1833 sur l'instruction primaire.

A annoter :

☞ Au *Manuel des notaires* ; — note 56, n. 73, 126, 127 ; — note 98, n. 1, 2 ; — note 117, n. 61 ; — note 174, n. 1 ; — note 143, n. 541, 546.

☞ Au *Journal du manuel des notaires* ; — art. 494 ; — art. 1515.

ART. 41.

MONNAIE. — PIÈCES D'OR DE 5 ET DE 10 FRANCS,

7 avril-9 mai 1855, — décret impérial relatif au diamètre des pièces d'or de 5 et 10 fr.

Art. 1. Les pièces de 5 fr. ou seront fabriquées à l'avenir au diamètre de 17 millimètres, et celles de 10 fr. au diamètre de 19 millimètres.

2. Le poids et le titre, les tolérances de poids et de titre desdites pièces sont maintenus tels qu'ils sont fixés par les décrets des 5 mai 1848 et 12 janv. 1851.

3. Les pièces de 10 fr. à l'effigie de l'empereur, et du diamètre de 17 millimètres, seront retirées de la circulation.

4. Ces pièces seront reçues pour leur valeur nominale jusqu'au 15 octobre prochain dans les caisses des receveurs généraux, et à Paris par le caissier central du trésor.

5. A partir de cette époque, elles seront reçues au change de la monnaie de Paris et payées en raison de leur poids et au titre de 900 millièmes.

A annoter :

☞ Au *Manuel des notaires* ; — note 91, n. 24.

☞ Au *Journal du manuel des Notaires* ; — art. 1528.

ART. 42.

ARMÉE. — DOTATION. — SURVEILLANCE. — COMMISSION.

28 avril-9 mai 1855.-Décret impérial qui nomme les membres de la commission supérieure chargée de surveiller et de contrôler les opérations relatives à la dotation de l'armée.

NAPOLÉON, etc. ; — Vu l'art. 4 de la loi du 26 avril 1855 ; — Sur le rapport de notre ministre de la guerre ; — Avons, etc,.:

Art. 1. Sont nommés membres de la commission supérieure instituée par l'art. 4 précité de la loi du 26 avril 1855 :

MM.

Le maréchal *Magnan*, sénateur, président de la commission ;
Le comte d'*Argout*, sénateur ;
Le général vicomte *de la Hitte*, sénateur ;
Le général marquis de *Laplace*, sénateur ;
Le général *Gémeau*, sénateur ;
Le vice-amiral comte *Cécille*, sénateur ;
Le comte de *Beaumont*, sénateur ;
Monier de la *Sizeranne*, député au corps législatif ;
Le baron Paul *de Richemont*, député au corps législatif ;
De *Bellegue* (Adolphe), député au corps législatif ;
Du *Parieu*, vice-président du conseil d'État ;
Le général *Allard*, président de la section de la guerre et de la marine au conseil d'État ;
Petitet, conseiller d'État hors section, directeur de la comptabilité générale du département de la guerre ;
Guillemot, directeur général de la caisse des dépôts et consignations ;
Torb! des Sablons, ancien administrateur ;
M. *Fellmann*, chef du bureau du recrutement à l'administration centrale du département de la guerre, remplira les fonctions de secrétaire de la commission supérieure.

A annoter :

☞ Au *Recueil des lois* ; — en marge de l'art. 4 de la loi.

ART. 43.

ÉMIGRATION EUROPÉENNE.

26 avril - 9 mai 1855, — Décret impérial qui modifie les art. 10 et 11 du décret du 15 janv. 1855, relatif à l'émigration européenne.

NAPOLÉON, etc. ; — Sur le rapport de notre ministre de l'agriculture, du commerce et des travaux publics ; — Vu notre décret du 15 janv. 1855 ; — Avons, etc.;

Art. 1. Les art. 10 et 11 de notre décret du 15 janv. 1855 sont remplacés par les articles suivants :

Art. 10. Il est alloué à chaque passager à bord d'un bâtiment affecté au transport des émigrants :

1° 1 mètre 55 décimètres carrés, si la hauteur du pont est de 1 mètre 85 centimètres et plus ;

2° 1 mètre 49 décimètres carrés, si la hauteur du pont est de plus de 1 mètre 55 centimètres, mais inférieure à 1 mètre 85 centimètres ;

5° 2 mètres 4 décimètres carrés, si la hauteur du pont est inférieure à 1 mètre 55 centimètres.

Les enfants au-dessous d'un an ne seront pas comptés dans le calcul du nombre des passagers.

Art. 11. Lorsque les navires recevront un nombre de passagers suffisant pour occuper l'espace déterminé d'après les bases ci-dessus (1 mètre 55 décimètres carrés, 1 mètre 49 décimètres carrés, ou 2 mètres 4 décimètres carrés), l'entre-pont sera laissé entièrement libre, sauf les parties ordinairement occupées par le logement du capitaine, des officiers et de l'équipage.

Lorsque le chiffre des passagers sera inférieur à la capacité réglementaire du navire, l'espace inoccupé pourra être affecté au placement des provisions (la viande et le poisson exceptés), des bagages et même d'une certaine quantité de marchandises, le tout réglé proportionnellement à la diminution du nombre des passagers qui auraient pu être embarqués.

À annoter :

= Au *Recueil des lois*. — art. 8, en marge des art. 10 et 11 du décret.

ART. 44.

DOUANES. — IMPORTATION. — IMPRIMERIE. — CARACTERES.

28 avril - 9 mai 1855. — *Décret impérial portant :*

1er Art. 1. Le droit à l'importation des caractères d'imprimerie vieux et hors d'usage est fixé à 5 fr. par 100 kilogrammes.

ART. 45.

COLONIES. — SÉNÉGAL. — DOUANES. — FER.

28 avril - 9 mai 1855. — *Décret impérial portant :*

Art. 1. Les poutrelles en fer et les autres fers laminés propres à la construction des édifices seront admis en franchise de droits au Sénégal, lorsqu'ils y arriveront sous pavillon français, soit des ports ou entrepôts de la métropole, soit de l'entrepôt de Gorée.

ART. 46.

INSTITUT DE FRANCE. — SÉANCES. — CONCOURS. — PRIX. — RAPPORTS. — SECTION POLITIQUE.

14 avril - 11 mai 1855. — *Décret impérial concernant l'Institut impérial de France.*

NAPOLÉON, etc.; — Sur le rapport de notre ministre de l'instruction publique et des cultes;

Considérant que la protection des arts, des sciences et des lettres est un privilège essentiel de la couronne; — Considérant que, pour faire utilement concourir l'Institut impérial de France à l'exercice de cette prérogative, il importe d'approprier ses statuts à l'ordre que nous avons établi dans l'État ; — Considérant que l'intérêt de la science réclame l'accomplissement des grands travaux confiés à l'Institut, notamment en ce qui concerne le dictionnaire historique de la langue, le dictionnaire des beaux-arts, les statistiques et les documents relatifs aux anciennes époques de notre histoire; — Considérant que les lois organiques du 3 brum. et du 15 germ. an 4, aussi bien que l'arrêté consulaire du 3 pluv. an 11, ont établi entre les différentes classes de l'Institut une solidarité qu'il importe de maintenir entre les cinq académies; — Considérant que l'académie des sciences morales et politiques compte un nombre de membres inférieur à celui dont les autres académies se composent, et qu'en portant le nombre de ses membres il nous sera permis de faire représenter dans une section nouvelle les sciences politiques, administratives et financières, dont la culture est l'un des principaux objets de l'institution de cette académie; — Considérant qu'aucune présentation ne peut être faite en section pour la première nomination des membres d'une section nouvelle; — Avons décrété, etc.

Art. 1. La séance publique annuelle commune aux cinq classes

de l'Institut impérial de France aura lieu le 15 août, jour de la Saint-Napoléon.

2. L'époque et l'ordre de toutes les séances publiques particulières aux cinq académies seront réglés par des décisions spéciales de notre ministre de l'instruction publique, qui demeure chargé, pour chaque académie, de toutes les dispositions énoncées au § 2 de l'art. 4 du règlement du 21 juin 1816.

3. Les concours des prix à décerner, soit par chacune des académies, soit par les académies réunies, seront jugés suivant les formes déterminées par l'art. 3 de l'ordonnance du 5 mars 1821; toutefois, en ce qui concerne les prix fondés par des particuliers, le concours sera jugé suivant les règles fixées par les décrets ou ordonnances d'acceptation.

4. Dans la séance publique commune aux cinq académies, un prix d'une valeur annuelle de 10,000 fr. sera, tous les trois ans, décerné en notre nom à l'ouvrage ou à la découverte que les cinq classes auront jugé le plus propre à honorer ou à servir le pays.

Le jugement sera rendu conformément aux dispositions de l'article précédent.

Ce prix sera décerné, pour la première fois, le 15 août 1856, entre tous les auteurs des travaux signalés dans les cinq dernières années.

5. Un rapport annuel sur l'état des travaux confiés par les règlements à chacune des cinq académies sera rédigé conformément à l'art. 40 de la loi du 15 germ. an 4, et arrêté en assemblée générale de l'Institut. Il nous sera présenté par notre ministre de l'instruction publique et des cultes.

6. Les fonctionnaires préposés à la bibliothèque et aux différents services de l'Institut seront nommés par notre ministre de l'instruction publique qui réglera l'emploi des fonds affectés, par le budget, au traitement de ces fonctionnaires.

7. Il est créé, à l'académie des sciences morales et politiques, une section nouvelle sous le titre de Politique, administration, finances, laquelle sera composée de dix membres, de manière à élever à quarante le nombre des membres de ladite académie.

Les membres de cette section nouvelle, nommés par nous pour la première fois, jouiront des mêmes droits et traitements que les membres des autres sections.

8. Sont abrogées l'ordonnance du 7 mars 1831 et toutes dispositions contraires au présent décret.

ART. 47.

OUVRIERS. — LIVRETS.

30 avril - 12 mai 1855. — *Décret impérial portant règlement sur les livrets d'ouvriers.*

NAPOLÉON, etc.; — Sur le rapport de notre ministre de l'agriculture, du commerce et des travaux publics; — Vu la loi du 22 juin 1854, sur les livrets d'ouvriers, et notamment l'art. 10; — Vu l'arrêté du 9 frim. an 12, la loi du 14 mai 1851 et les art. 135 et 465 c. pén.; — Notre conseil d'État entendu, avons, etc. :

Art. 1. Le livret est en papier blanc, coté et paraphé par les fonctionnaires désignés en l'art. 2 de la loi du 22 juin 1854.

Il est revêtu de leur sceau.

Sur les premiers feuillets sont imprimés textuellement la loi précitée, le présent décret, la loi du 14 mai 1851 et les articles 155 et 165 c. pén.

Il énonce :

1° Le nom et les prénoms de l'ouvrier, son âge, le lieu de sa naissance, son signalement, sa profession.

2° Si l'ouvrier travaille habituellement pour plusieurs patrons, ou s'il est attaché à un seul établissement;

3° Dans ce dernier cas, le nom et la demeure du chef d'établissement chez lequel il travaille ou a travaillé en dernier lieu.

4° Les pièces, s'il en est produit, sur lesquelles le livret est délivré.

Les livrets sont imprimés d'après le modèle annexé au présent décret.

2. Il est tenu dans chaque commune un registre sur lequel sont re-

latés, au moment de leur délivrance, les livrets et les visas de voyage mentionnés ci-après.

Ce registre porte la signature des impétrants ou la mention qu'ils ne savent ou ne peuvent signer.

3. Le premier livret d'un ouvrier lui est délivré sur la constatation de son identité et de sa position.

A défaut de justifications suffisantes, l'autorité appelée à délivrer le livret peut exiger de l'ouvrier une déclaration souscrite sous la sanction de l'art. 13 de la loi du 22 juin 1854, dont il lui est donné lecture.

4. Le livret rempli ou hors d'état de servir est remplacé par un nouveau, sur lequel sont reportés : 1° la date et le lieu de la délivrance de l'ancien livret ; 2° le nom et la demeure du chef d'établissement chez lequel l'ouvrier travaille ou a travaillé en dernier lieu ; 3° le montant des avances dont l'ouvrier resterait débiteur.

Le remplacement est mentionné sur le livret hors d'usage, qui est laissé entre les mains de l'ouvrier.

5. L'ouvrier qui a perdu son livret peut en obtenir un nouveau sous les garanties mentionnées en l'art. 3.

Le nouveau livret reproduit les mentions indiquées en l'art. 4.

6. L'ouvrier est tenu de représenter son livret à toute réquisition des agents de l'autorité.

7. L'ouvrier ne travaillant que pour un seul établissement doit, avant de le quitter et d'être admis dans un autre, faire inscrire sur son livret l'acquit des engagements.

L'ouvrier travaillant habituellement pour plusieurs patrons peut, sans cet acquit, obtenir du travail d'un ou de plusieurs autres patrons.

8. Le registre spécial que les chefs d'établissement doivent tenir, conformément aux art. 4 et 5 de la loi du 22 juin 1854, est dressé d'après le modèle annexé au présent décret.

Il est coté et paraphé, sans frais, par les fonctionnaires chargés de la délivrance des livrets, et communiqué, sur leur demande, au maire et au commissaire de police.

9. Le chef d'établissement indique, tant sur son registre que sur le livret, si l'ouvrier travaille pour un seul établissement ou pour plusieurs patrons.

A l'égard de l'ouvrier travaillant pour plusieurs patrons, le chef d'établissement n'est tenu de remplir les formalités du paragraphe précédent que lorsqu'il l'emploie pour la première fois.

10. Si l'ouvrier est quitte envers le chef d'établissement, celui-ci, lorsqu'il cesse de l'employer, doit inscrire sur le livret l'acquit des engagements.

11. Lorsque le livret, spécialement visé à cet effet, doit tenir lieu de passe-port à l'intérieur, le visa du départ indique toujours une destination fixe et ne vaut que pour cette destination.

Ce visa n'est accordé que sur la mention de l'acquit des engagements prescrite par les art. 4 et 5 de la loi du 22 juin 1854, et sous les conditions déterminées par les règlements administratifs, conformément à l'art. 9 de la même loi.

12. Le livret ne peut être visé pour servir de passe-port à l'intérieur, si l'ouvrier a interrompu l'exercice de sa profession, ou s'il s'est écoulé plus d'une année depuis le dernier certificat de sortie inscrit audit livret.

13. Le présent règlement ne fait pas obstacle à ce que des dispositions spéciales aux livrets soient prises, dans les limites de leur compétence en matière de police, par le préfet de police à Paris, et pour le ressort de la préfecture, et dans les départements, par les autorités locales.

14. Sont abrogées toutes les dispositions des règlements antérieurs, contraires au présent décret.

1. — Modèle du livret.

(Art. 1 du décret du 30 avril 1855.)

Dimension du livret : hauteur, 16 centimètres, largeur 11 centimètres, couverture cartonnée.

Les sept premières pages du livret contiennent au-dessous de ces mots. Livret d'ouvrier : 1° la loi du 22 juin 1854 ; 2° le décret du 30 avr. 1855 ; 3° la loi du 14 mai 1851 ; 4° les art. 155 et 165 c. pén.

Ensuite et en regard sur deux pages ;

DÉPARTEMENT	MAIRIE		Premier feuillet.

présent livret contenant quatorze feuillets cotés et paraphés par premier et dernier, sur (1)

ARRONDISSEMENT

Série n°

à la charge par   de se conformer aux lois et règlements concernant les ouvriers.

Profession :

Le porteur (2)   occupé en qualité d'ouvrier (3)

. le   1855.

Signature de l'ouvrier.

SIGNALEMENT :

Le maire,

Age :   ans.
Taille : 1 m   c.
Cheveux
Sourcils   Sceau de la mairie
Front   N° à
Yeux   Département
Nez   d
Bouche   Demeurant
Barbe
Menton   (1) Indiquer, s'il y a lieu, les pièces produites.
Visage   n°   (2) Est ou a été.
Teint   (3) Attaché à un seul établissement chez le sieur
Signes particuliers :   ayant justifié de son identité et de sa position, a obtenu le   demeurant à   rue   n°   ou travaillant pour plusieurs patrons.

Treize autres feuillets en blanc suivent et sont numérotés au recto. Mais le dernier feuillet porte en tête du verso : « Le présent livret, rempli et hors d'usage, a été remplacé par un nouveau, par nous, maire de la commune d　　　, département de　　　,

　　　Le maire,　　　»

Et au bas du même verso : « *Nota.* Le présent livret, rempli et hors d'usage, sera remplacé par un nouveau portant la date et le lieu de la délivrance du présent, le nom du chef de l'établissement chez lequel l'ouvrier a travaillé en dernier lieu, et le montant des avances dont il est resté débiteur. Ces mentions seront mises dans le blanc réservé pour la mention des pièces qui auraient pu être déposées. »

II. — *Modèle du registre à tenir par les chefs d'établissements.*

(Art. 8 du décret du 30 avr. 1855.)

Numéros d'ordre.	DATE de l'entrée de l'ouvrier ou du jour où il lui a été confié de l'ouvrage.	NOM et prénoms de l'ouvrier.	DE-MEURE (par rue et n°).	INDICATION de la catégorie à laquelle appartient l'ouvrier (Mentionner s'il est attaché à un seul établiss. ou s'il travaille en chamb. pour plusieurs. (Art 9 du décret.)	LIEU de la délivr. du livret. — 1°commune. 2° département.	DATE et numéro de la délivrance du livret.				NOM et domicile du chef du dernier établiss. où l'ouvrier a été employé.			INDICA-TION du montant des avances dues par l'ouvrier à son précédent patron.	DATE de la sortie de l'ouvrier du jour où il a cessé d'être employé.	Avances dues par l'ouvrier à sa sortie.	OBSERVATIONS.
						Date.	Numéro.	Nom.	Domicile.								

ART. 48.

SALLES D'ASILE. — ENSEIGNEMENT.

21 mars - 13 mai 1855. — Décret Impérial concernant les salles d'asile.

NAPOLÉON, etc. ; — Sur le rapport de notre ministre de l'instruction publique et des cultes ; — En exécution de l'art. 57 de la loi du 15 mars 1850 ; — Vu l'ord. du 22 déc. 1857 ; — Vu le décret du 9 mars 1852 ; — Vu la loi du 14 juin 1854 ; — Vu l'avis du comité central de patronage des salles d'asile ; — Vu l'avis du conseil impérial de l'instruction publique ; — Avons décrété, etc. :

TIT. 1. — *Dispositions générales concernant l'établissement des salles d'asile et le programme de l'enseignement.*

Art. 1. Les salles d'asile, publiques ou libres, sont des établissements d'éducation où les enfants des deux sexes, de deux à sept ans, reçoivent les soins que réclame leur développement moral et physique.

2. L'enseignement, dans les salles d'asile, publiques et libres, comprend :

1° Les premiers principes de l'instruction religieuse, de la lecture, de l'écriture, du calcul verbal et du dessin linéaire ;
2° Des connaissances usuelles à la portée des enfants ;
3° Des ouvrages manuels appropriés à l'âge des enfants ;
4° Des chants religieux, des exercices moraux et des exercices corporels ;

Les leçons et les exercices moraux ne durent jamais plus de dix à quinze minutes, et sont toujours entremêlés d'exercices corporels.

3. L'instruction religieuse est donnée sous l'autorité de l'évêque, dans les salles d'asile catholiques.

Les ministres des cultes non catholiques reconnus président à l'instruction religieuse dans les salles d'asile de leur culte.

4. Les salles d'asile sont situées au rez-de-chaussée ; elles sont plan

chéiées et éclairées, autant que possible, des deux côtés, par des fenêtres fermées avec des châssis mobiles.

Les dimensions des salles d'exercice doivent êtres calculées de manière qu'il y ait, au moins, deux mètres cubes d'air pour chaque enfant admis.

A côté de la salle d'exercice, il y a un préau destiné aux repas et aux récréations.

. 5. Nulle salle d'asile ne peut être ouverte avant que l'inspecteur d'académie n'ait reconnu qu'elle réunit les conditions de salubrité ci-dessus prescrites.

6. Il y a, dans chaque salle d'asile publique du culte catholique:
Un crucifix,
Une image de la Sainte Vierge.

7. Il y a, dans toutes les salles d'asile, un portrait de l'Impératrice, protectrice de l'institution.

8. Le titre de *salle d'asile modèle* peut être conféré par le ministre de l'instruction publique, sur la proposition du comité central de patronage, à celles des salles d'asile qui auraient été signalées, par les déléguées spéciales, pour la bonne disposition du local, l'état satisfaisant du mobilier, les soins donnés aux enfants, ainsi que pour l'emploi judicieux et intelligent des meilleurs moyens d'éducation et de premier enseignement.

Il y a à Paris, un cours pratique avec pensionnat, destiné : 1° à former pour Paris et les départements, des directrices ou des sous-directrices de salles d'asile ; 2° à conserver les principes de la méthode établie ; 3° à expérimenter les nouveaux procédés d'éducation et de premier enseignement dont l'essai serait recommandé par le comité central de patronage.

9. Un réglement arrêté par le ministre de l'instruction publique, sur la proposition du comité central du patronage, déterminera, sous l'approbation de l'Impératrice, tout ce qui se rapporte aux procédés d'éducation et d'enseignement employés dans les salles d'asile publiques, ainsi qu'aux soins matériels qui doivent y être observés.

TIT. 2. — *De l'admission des enfants dans les salles d'asile.*

10. Aucun enfant n'est reçu, même provisoirement, par la directrice dans une salle d'asile publique ou libre, s'il n'est pourvu d'un certificat de médecin dûment légalisé, constatant qu'il n'est atteint d'aucune maladie contagieuse, et qu'il a été vacciné.

L'admission des enfants dans les salles d'asile publiques ne devient définitive qu'autant qu'elle a été ratifiée par le maire.

Dans les huit jours qui suivent l'admission provisoire d'un enfant dans une salle d'asile publique, les parents sont tenus de présenter à la directrice un billet d'admission délivré par le maire.

11. Les salles d'asile publiques sont ouvertes gratuitement à tous les enfants dont les familles sont reconnues hors d'état de payer la rétribution mensuelle.

12. Le maire, de concert avec les ministres des différents cultes reconnus, dresse la liste des enfants qui doivent être admis dans les salles d'asile publiques; cette liste est définitivement arrêtée par le conseil municipal.

13. Les billets d'admission délivrés par les maires, ne font aucune distinction entre les enfants payants et les enfants admis gratuitement.

TIT. 3.   De la surveillance et de l'inspection des salles d'asile.

14. Indépendamment des autorités instituées pour la surveillance et l'inspection des écoles par les art. 18, 20, 42 et 44, de la loi du 15 mars 1850, il peut être établi dans chaque commune où il existe des salles d'asile, et à Paris, dans chaque arrondissement, un comité local de patronage nommé par le préfet.

Ce comité local, dont le curé fait partie de droit, et qui est présidé par le maire, est composé de dames qui se partagent la protection des salles d'asile du ressort.

15. Le comité local de patronage est chargé de recueillir les offrandes de la charité publique en faveur des salles d'asile de son ressort; de veiller au bon emploi des fonds alloués à ces établissements par la commune, le département ou l'Etat, et au maintien des méthodes adoptées pour les salles d'asile publiques. Il délibère sur tous les objets qu'il juge digne de fixer l'attention du comité central.

Il se réunit au moins une fois par mois.

16. Un ou plusieurs médecins, nommés par le maire, visitent au moins une fois par semaine les salles d'asile publiques.

Chaque médecin inscrit ses observations et ses prescriptions sur un registre particulier.

17. Le ministre de l'instruction publique et des cultes peut, suivant les besoins du service, déléguer pour l'inspection des salles d'asile, dans chaque académie, une dame rétribuée sur les fonds de l'Etat.

Nulle ne peut être nommée déléguée spéciale si elle n'est pourvue d'un certificat d'aptitude.

Le recteur de l'Académie détermine l'ordre des tournées des dames déléguées spéciales et en règle l'itinéraire. Il transmet au ministre, avec son avis, les rapports généraux que les dames lui adressent. Le ministre place ces rapports sous les yeux du comité central de patronage.

Les déléguées spéciales correspondent directement avec les comités de patronage de leur circonscription, et envoient à chaque inspecteur d'académie un rapport spécial sur les salles d'asile du département.

18. Il y a près du comité central de patronage des salles d'asile, deux déléguées générales rétribuées sur les fonds de l'Etat et nommées par le ministre de l'instruction publique.

Les déléguées générales sont envoyées par le ministre de l'instruction publique partout où leur présence est jugée nécessaire; elles s'entendent avec les déléguées spéciales et provoquent, s'il y a lieu, les réunions des comités locaux de patronage; elles rendent compte au ministre et au comité central, et ne décident rien par elles-mêmes.

TIT. 4.   — Des conditions d'âge, de moralité et d'aptitude des directrices de salles d'asile.

19. Les salles d'asile publiques et libres seront à l'avenir exclusivement dirigées par des femmes.

20. Nulle ne peut diriger une salle d'asile publique ou libre avant l'âge de vingt-quatre ans accomplis, et si elle ne justifie d'un certificat d'aptitude.

Les lettres d'obédience délivrées par les supérieures des communautés religieuses régulièrement reconnues, et attestant que les postulantes ont été particulièrement exercées à la direction d'une salle d'asile, leur tiennent lieu de certificat d'aptitude.

Peuvent toutefois être admises à diriger provisoirement, dès l'âge de vingt et un ans, une salle d'asile publique ou libre qui ne reçoit pas plus de 30 à 40 enfants, les sous-directrices pourvues du certificat mentionné en l'art. 31 du présent décret, et les membres de communautés religieuses pourvues d'une lettre d'obédience.

21. Sont incapables de tenir une salle d'asile publique ou libre les personnes qui se trouvent dans les cas prévus par l'art. 26 de la loi du 15 mars 1850.

22. Quiconque veut diriger une salle d'asile libre doit se conformer préalablement aux dispositions prescrites par les art. 23 et 27 de la loi du 15 mars 1850, et l. 2 et 3 du décret du 7 oct. 1850.

L'inspecteur d'académie peut faire opposition à l'ouverture de la salle dans les cas prévus par l'art. 28 de la loi du 15 mars 1850, et par l'art. 5 du présent décret. L'opposition est jugée par le conseil départemental, contradictoirement et sans recours.

A défaut d'opposition, la salle d'asile peut être ouverte à l'expiration de ce mois.

23. Les directrices des salles d'asile publiques sont nommées et révoquées par les préfets, sur la proposition de l'inspecteur d'académie: elles sont choisies, après avis du comité local de patronage, soit parmi les membres des congrégations religieuses, soit parmi les laïques, et, dans ce dernier cas, autant que possible, parmi les sous-directrices.

24. Le conseil départemental peut, dans les formes prescrites par les art. 30 et 33 de la loi du 15 mars 1850, interdire de l'exercice de sa profession, dans la commune où elle réside, une directrice de salle d'asile libre.

Il peut frapper d'interdiction absolue une directrice de salle d'asile libre ou publique, sauf appel devant le conseil impérial de l'instruction publique.

25. Dans toute salle d'asile publique qui reçoit plus de 50 enfants, la directrice est aidée par une sous-directrice.

26. Nulle ne peut être nommée sous-directrice dans une salle d'asile publique avant l'âge de vingt ans, et si elle n'est pourvue d'un certificat de stage délivré ainsi qu'il est dit à l'art. 31 du présent décret.

Les sous-directrices dans les salles d'asile publiques sont nommées et révoquées par les maires, sur la proposition du comité de patronage.

27. Il y a, dans chaque département, une commission d'examen chargée de constater l'aptitude des personnes qui aspirent à diriger les salles d'asile.

La commission tient une ou deux sessions par an.

Les membres de la commission d'examen sont nommés pour trois ans par le préfet, sur la proposition du conseil départemental de l'instruction publique.

La commission d'examen se compose:

De l'inspecteur d'académie, président;

D'un ministre du culte professé par la postulante;

D'un membre de l'enseignement public ou libre;

De deux dames patronesses des asiles;

D'un inspecteur de l'instruction primaire faisant fonctions de secrétaire.

A Paris, la commission est nommée, sur la proposition du préfet, par le ministre de l'instruction publique, qui fixe le nombre des membres dont elle doit être composée.

28. Les certificats d'aptitude sont délivrés, au nom du recteur, par l'inspecteur d'académie dans les départements, et à Paris par le vice-recteur.

29. Nulle n'est admise devant une commission d'examen avant l'âge de vingt et un ans, et si elle n'a déposé entre les mains de l'inspecteur d'académie, un mois avant l'ouverture de la session:

1° Son acte de naissance;

2° Des certificats attestant sa moralité et indiquant les lieux où elle a résidé et les occupations auxquelles elle s'est livrée depuis cinq ans au moins.

La veille de la session, l'inspecteur d'académie arrête, sur la proposition de la commission d'examen, la liste des postulantes qui seront admises à subir l'examen.

30. L'examen se compose de deux parties distinctes;

1° Un examen d'instruction;

2° Un examen pratique.

L'examen d'instruction comprend l'histoire sainte, le catéchisme, la lecture, l'écriture, l'orthographe, les notions les plus usuelles du calcul et du système métrique, le dessin au trait, les premiers éléments de géographie, le chant, le travail manuel.

L'examen pratique a lieu dans une salle d'asile. Les postulantes sont tenues de diriger les exercices de cette salle pendant une partie de la journée.

51. Sur la déclaration de la directrice d'une salle d'asile modèle, visée par le comité de patronage, l'inspecteur d'académie délivre aux postulantes qui ont suivi les exercices de cette salle d'asile pendant deux mois, au moins, le certificat de stage mentionné en l'art. 26 du présent décret.

A Paris, le certificat de stage est délivré par le vice-recteur de l'académie, soit sur l'attestation de la directrice d'une salle d'asile modèle, comme il est dit ci-dessus, soit sur l'attestation de la directrice du cours pratique certifiée par la commission de surveillance de cet établissement.

Tit. 5. — *Du traitement des directrices et sous-directrices des salles d'asiles publiques.*

52. Les directrices des salles d'asile publiques reçoivent sur les fonds communaux un traitement fixe, qui ne peut être moindre de 250 fr., et les sous-directrices un traitement dont le minimum est fixé à 150 fr.

Les unes et les autres jouissent, en outre, du logement gratuit.

Les dispositions du décret du 9 juin 1853 sur les pensions civiles leur sont applicables.

53. Une rétribution mensuelle peut être exigée de toutes les familles dont les enfants sont admis dans les salles d'asile publiques, et qui sont en état de payer le service qu'elles réclament.

Le taux de cette rétribution est fixé par le préfet en conseil départemental, sur l'avis des conseils municipaux et des délégués cantonaux.

54. La rétribution mensuelle est perçue pour le compte de la commune par le receveur municipal, et spécialement affectée aux dépenses de la salle d'asile.

En cas d'insuffisance du produit de la rétribution mensuelle et à défaut de fondation, dons ou legs, il est pourvu aux dépenses des salles d'asile publiques: 1° sur les revenus ordinaires des communes ; 2° sur l'excédant des trois centimes spéciaux affectés à l'instruction primaire, ou, à défaut, au moyen d'une imposition spécialement autorisée à cet effet.

Une subvention peut être accordée par les départements aux communes qui ne peuvent suffire aux dépenses ordinaires des salles d'asile qu'au moyen d'une imposition spéciale. Cette subvention est prélevée, soit sur le restant disponible des deux centimes affectés à l'instruction primaire, soit sur des fonds spécialement votés à cet effet.

ART. 49.

ÉCOLE PRÉPARATOIRE. — Médecine. — Pharmacie. — Rouen.

14 avril-13 mai 1855. — Décret impérial contenant réorganisation de l'École préparatoire de médecine et de pharmacie de Rouen.

Napoléon, etc.; — Sur le rapport de notre ministre de l'instruction publique et des cultes ; — Vu les ord. des 13 oct. 1840, 12 mars et 18 av. 1841, relatives aux écoles préparatoires de médecine et de pharmacie; — Vu l'ord. du 11 fév. 1841, qui constitue l'école préparatoire de médecine et de pharmacie de Rouen ; — Vu la délibération du conseil impérial de l'instruction publique, en date du 11 juill. 1854 ; — Vu le décret, en date du 31 mars 1855, qui crée dans la ville de Rouen une école préparatoire à l'enseignement supérieur des sciences et des lettres ; — Vu la délibération du conseil municipal de la ville de Rouen, en date du 6 oct. 1854; — Avons décrété, etc. :

Art. 1. L'école préparatoire de médecine et de pharmacie de Rouen est réorganisée de la manière suivante :

L'enseignement comprendra :

1° Anatomie et physiologie ;
2° Pathologie externe et médecine opératoire ;
3° Clinique externe ;

4° Pathologie interne ;
5° Clinique interne ;
6° Accouchements, maladies des femmes et des enfants ;
7° Matière médicale et thérapeutique ;
8° Pharmacie et notions toxicologiques.

Ces chaires sont confiées à huit professeurs titulaires.

2. Le nombre des professeurs adjoints de ladite école est fixé à trois, qui seront attachés:

A la chaire de clinique externe ;
A la chaire de clinique interne ;
A la chaire d'anatomie et de physiologie.

3. Le nombre des professeurs suppléants est de quatre, qui seront attachés,

Aux chaires de médecine proprement dites ;
Aux chaires de chirurgie et d'accouchements ;
A la chaire d'anatomie et de physiologie ;
Aux chaires de matière médicale, thérapeutique, pharmacie et toxicologie.

4. Il est également attaché à l'école préparatoire de médecine et de pharmacie:

Un chef des travaux anatomiques ;
Un prosecteur ;
Un préparateur de pharmacie et de toxicologie.

ART. 50.

SEL. — Sortie.

16 mai 1855, promulg. le 24 — décret impérial portant:

Art. 1. Est et demeure supprimé le droit de sortie sur les sels bruts ou raffinés.

ART. 51.

COLONIES. — Monnaie. — Bons de caisse. — Papier-monnaie.

25 avril-24 mai 1855. — décret impérial relatif au régime monétaire de la Martinique et de la Guadeloupe.

Art. 1. Dans un délai de six mois, à partir de la publication du présent décret à la Martinique et à la Guadeloupe, les monnaies étrangères mentionnées dans l'ordonnance royale du 30 août 1826 cesseront d'avoir cours légal dans les deux colonies, et ne seront reçues, dans les payements entre particuliers, que comme valeurs conventionnelles.

Lesdites monnaies cesseront, à partir de la même époque, d'être données et reçues en payement par les caisses publiques.

2. Les gouverneurs de la Martinique et de la Guadeloupe sont autorisés à mettre en circulation, dans ces deux colonies, des bons de caisse, qui seront représentés par des monnaies nationales mises en réserve dans la caisse coloniale, pour une somme égale aux émissions de papier.

Le remboursement de ces bons de caisse, quelle que soit l'époque de leur émission successive, aura lieu à l'expiration d'un délai de trois ans, à partir de la promulgation du présent décret dans les deux colonies. Ils ne pourront, dans l'intervalle, être présentés au remboursement.

Les bons de caisses auront cours forcé dans les payements faits entre particuliers et dans ceux des caisses publiques.

3° Les bons de caisse seront établis sur un papier fabriqué spécialement pour cet usage ; les coupures en seront fractionnées suivant les besoins de la circulation, et conformément aux divisions de la monnaie nationale, depuis 50 c. jusqu'à 10 fr.

4. Les banques coloniales sont autorisées à comprendre les bons de caisse dans la composition de l'encaisse métallique, dont le minimum obligatoire est établi par l'art. 5 de la loi du 11 juin 1851.

À annoter :

= Au *Manuel des notaires* ; — note 91, n. 38.

ART. 52.

SEL. — EXPORTATION. — DOUANES. — FRANCHISE.

16 mai 1855, promulg. le 1er juin suivant.— décret impérial relatif à l'exportation des sels français.

NAPOLÉON, etc. ; - - Sur le rapport de notre ministre de l'agriculture, du commerce et des travaux public ; — Attendu, la nécessité de faciliter autant que possible l'exportation des sels français ; — Vu les ord. des 31 juill. et 4 déc. 1816 ; — Avons, etc. ;

Art. 1. Sont étendues aux navires étrangers venant en France avec chargement, les dispositions des ordonnances des 31 juill. et 4 déc. 1816, qui accordent la franchise du droit de tonnage aux navires étrangers, lorsqu'ils viennent sur lest charger des sels dans les ports de France.

La franchise des droits de tonnage sera proportionnelle à la quantité de sel exportée.

ART. 53.

ARMÉE. — ALGÉRIE. — PARC DE CONSTRUCTION.

19 mai, promulg. le 11 juin suivant. — décret impérial portant que le parc de réparation des équipages militaires, é abli à Alger, est transformé en parc de construction du même service, pour toute l'Algérie.

Art. 1. Le parc de réparations des équipages militaires, établi à Alger, est transformé en parc de construction du même service pour toute l'Algérie.

2. Le personnel de cet établissement est composé de la manière suivante, savoir :

1 chef d'escadron, sous-directeur ;
1 capitaine en résidence fixe ;
1 capitaine adjoint ;
1 lieutenant adjoint ;
1 lieutenant officier payeur ;
1 garde principal ;
5 gardes de 1re et 2e classe ;
1 chef ouvrier d'état ;
1 sous-chef ouvrier d'état ;
4 ouvriers d'état.

Total. . . . 15

ART. 54.

DOUANES. — ALCOOL. — ALGÉRIE. — FRANCHISE.

23 mai 1855, promulg. le 1 juin suivant. — décret impérial portant :

Art. 1. Jusqu'à ce qu'il en soit autrement ordonné, les alcools d'asphodèle fabriqués en Algérie seront admis en franchise des droits de douane dans les ports de la métropole.

ART. 55.

ÉCOLE PRÉPARATOIRE. — MÉDECINE. — PHARMACIE. — NANTES.

30 mai 1855, promulg. le 19 juin suivant. — décret impérial portant réorganisation de l'école préparatoire de médecine et de pharmacie de Nantes.

Nota. Les dispositions de ce décret sont dans les mêmes termes que celles du décret du 14 avril, rapporté plus haut. art. 49.

ART. 56.

ÉCOLE PRÉPARATOIRE. — MÉDECINE. — PHARMACIE. — RENNES.

30 mai 1855, promulg. le 19 juin suivant. — décret impérial portant réorganisation de l'école préparatoire et de pharmacie de Rennes.

Nota. Les dispositions de ce décret sont dans les mêmes termes que celles du décret qui précède.

ART. 57.

DOUANES. — DENRÉES ALIMENTAIRES. — DÉLAI. — PROROGATION.

2 juin 1855, promulg. le 11. — décret impérial portant prorogation du délai fixé relativement aux diverses mesures concernant les denrées alimentaires.

Art. 1. Le délai fixé par les décrets des 7 oct. et 29 nov. 1854, concernant les diverses mesures relatives aux denrées alimentaires, est prorogé jusqu'au 31 déc. prochain. (A).

ART. 58.

TRAITÉ INTERNATIONAL. — HANOVRE. — EXTRADITION.

19 juin 1855, promulg. le 27. — décret impérial portant promulgation de la convention d'extradition conclue entre la France et le Hanovre.

Art. 1. Les gouvernements de France et de Hanovre s'engagent, par la présente convention, à se livrer réciproquement, chacun à l'exception de ses nationaux, les individus réfugiés de France dans le royaume de Hanovre et du Hanovre en France, et poursuivis ou condamnés par les tribunaux compétents pour l'un des crimes ci-après énumérés.

L'extradition aura lieu sur la demande que l'un des deux gouvernements adressera à l'autre par la voie diplomatique.

2. Les crimes à raison desquels l'extradition sera accordée sont les suivants :

1° Assassinat ; empoisonnement ; parricide; infanticide ; meurtre; viol; castration ; avortement ; attentat à la pudeur consommé ou tenté avec violence, ou sans violence, lorsqu'il l'aura été sur un enfant de l'un ou

---

(A) Ces denrées sont les grains, farines, riz, légumes secs, groaux et pommes de terre, dont l'importation a été permise, en ne payant que le minimum des droits, et en exemptant les navires du droit de tonnage, par le décret du 18 août 1855.

de l'autre sexe, âgé de moins de onze ans ; association de malfaiteurs ; menaces d'attentat contre les personnes ou les propriétés; extorsion de titres et de signatures ; séquestration de personnes ;

2° Coups et blessures volontaires, dans le cas où ces faits sont punissables, suivant la loi française, de peines afflictives et infamantes ;

5° Incendie ;

4° Faux en écriture publique ou authentique et de commerce ou de banque ; et faux en écriture privée, y compris la contrefaçon des billets de banque et effets publics ; mais non compris les faux qui ne sont point, suivant la loi française, punis de peines afflictives et infamautés ;

5° Fabrication, introduction, émission de fausse monnaie ; contrefaçon ou altération de papier-monnaie, ou émission de papier-monnaie contrefait ou altéré ;

6° Contrefaçon des poinçons de l'État servant à marquer les matières d'or et d'argent ; contrefaçon du sceau de l'État et des timbres nationaux ;

7° Faux témoignage en matière criminelle, faux témoignage et faux serment en matière civile ;

8° Subornation de témoins ;

9° Vol, lorsqu'il a été accompagné de circonstances qui lui donnent le caractère de crime, d'après la législation française ; abus de confiance domestique ; soustractions et concussions commises par les dépositaires et fonctionnaires publics, mais seulement dans le cas où, suivant la législation française, elles sont punies de peines afflictives et infamantes ;

10° Banqueroute frauduleuse.

3. Tous les objets saisis en la possession d'un prévenu, lors de son arrestation, seront livrés au moment où s'effectuera l'extradition, et cette remise ne se bornera pas seulement aux objets volés, mais comprendra ceux qui pourraient servir à la preuve du crime.

4. Chacun des deux gouvernements contractants pourra, dès avant la production du mandat d'arrêt, demander l'arrestation immédiate et provisoire de l'accusé ou du condamné, laquelle demeurera néanmoins facultative pour l'autre gouvernement.

Lorsque l'arrestation provisoire aura été accordée, le mandat d'arrêt devra être transmis dans le délai de deux mois.

5. L'extradition ne sera accordée que sur la production, soit d'un arrêt de condamnation, soit d'un arrêt de mise en accusation, soit, enfin, d'un mandat d'arrêt expédié dans les formes prescrites par la législation du pays qui réclame l'extradition, ou de tout autre acte ayant au moins la même force que ce mandat, et indiquant également la nature et la gravité des faits poursuivis, ainsi que la disposition pénale applicable à ces faits.

6. Si l'individu réclamé est poursuivi ou se trouve détenu pour un crime ou délit qu'il a commis dans le pays où il s'est refugié, son extradition pourra être différée jusqu'à ce qu'il ait subi sa peine.

7. Si le prévenu ou le condamné n'est pas sujet de celui des deux États contractants qui le réclame, l'extradition pourra être suspendue jusqu'à ce que son gouvernement ait été, s'il y a lieu, consulté et invité à faire connaître les motifs qu'il pourrait avoir de s'opposer à l'extradition.

Dans tous les cas, le gouvernement saisi de la demande d'extradition restera libre de donner à cette demande la suite qui lui paraîtra convenable, et de livrer le prévenu, pour être jugé, soit à son propre pays, soit au pays où le crime aura été commis.

8. Il est expressément stipulé que le prévenu ou le condamné dont l'extradition aura été accordée ne pourra, dans aucun cas, être poursuivi ou puni pour un délit politique antérieur à l'extradition, ni pour un des crimes ou délits non prévus par la présente convention.

9. L'extradition ne pourra avoir lieu. si, depuis les faits imputés, la poursuite ou la condamnation, la prescription de la peine ou de l'action est acquise d'après les lois du pays où le prévenu s'est refugié.

10. Les gouvernements respectifs renoncent à réclamer la restitution des frais d'entretien, de transport, d'arrestation provisoire ou autres qui résulteraient de l'extradition d'accusés ou de condamnés, et ils consentent à prendre réciproquement ces frais à leur charge.

11. Lorsque, dans la poursuite d'une affaire pénale, un des deux gouvernements jugera nécessaire l'audition de témoins domiciliés dans l'autre État, une commission rogatoire sera envoyée, à cet effet, par la voie diplomatique, et il y sera donné suite en observant les lois du pays où les témoins sont invités à comparaître.

Les gouvernements renoncent à toute réclamation ayant pour objet la restitution des frais résultant de l'exécution de la commission rogatoire.

12. Si, dans une cause pénale, la comparution d'un témoin est nécessaire, le gouvernement du pays auquel appartient le témoin l'engagera à se rendre à l'invitation qui lui sera faite, et, en cas de consentement, il lui sera accordé des frais de voyage et de séjour, d'après les tarifs et règlements en vigueur dans le pays où l'audition doit avoir lieu.

13. Lorsque, dans une cause pénale instruite dans l'un des deux pays, la confrontation de criminels détenus dans l'autre, ou la production de pièces de conviction ou documents judiciaires sera jugée utile, la demande en sera faite par la voie diplomatique, et l'on y donnera suite, à moins que des considérations particulières ne s'y opposent, et sous l'obligation de renvoyer les criminels et les pièces.

Les gouvernements respectifs renoncent, de part et d'autre, à toute réclamation de frais résultant du transport et du renvoi, dans les limites de leurs territoires respectifs, de criminels à confronter, et de l'envoi ainsi que de la restitution des pièces de conviction et documents.

14. La présente convention continuera à être en vigueur jusqu'à l'expiration de six mois après déclaration contraire de la part de l'un des deux gouvernements.

Elle sera ratifiée, et les ratifications en seront échangées à Paris dans le délai de six semaines, ou plus tôt, si faire se peut.

En foi de quoi, les plénipotentiaires respectifs l'ont signée et y ont apposé le cachet de leurs armes.

Fait à Paris, le treizième jour du mois de mars de l'an de grâce 1855.

(L. S.) Signé Drouyn de Lhuys.

(L. S.) Signé Platen-Hallermund.

ART. 59.

CHEMIN DE FER. — Voie ferrée. — Chevaux, — Sèvres. — Versailles.

28 avril-29 juin 1855 — décret impérial qui autorise l'établissement sur la voie publique, entre Sèvres et Versailles, de voies ferrées desservies par des chevaux.

Napoléon, etc. ; — Sur le rapport de notre ministre de l'agriculture, du commerce et des travaux publics ; — Vu la demande présentée, le 13 oct. 1854, par le sieur Tardieu, à l'effet d'obtenir l'autorisation d'établir sur la voie publique, entre Sèvres et Versailles, des voies ferrées desservies par des chevaux ; — Vu la lettre du préfet de Seine-et-Oise, en date du 5 déc. 1854 ; — Vu l'avis du conseil général des ponts et chaussées, en date du 15 janv. 1855 ; — Avons décrété, etc. :

Art. 1. Le sieur Tardieu est autorisé à placer sur la voie publique, entre Sèvres et Versailles, en suivant le tracé qui sera fixé par l'administration, des voies ferrées desservies par des chevaux, le tout aux clauses et conditions du cahier des charges arrêté, le 27 avril 1855, par notre ministre de l'agriculture, du commerce et des travaux publics. — Ce cahier des charges restera annexé au présent décret.

VOIES FERRÉES, DESSERVIES PAR DES CHEVAUX, A ÉTABLIR ENTRE SÈVRES ET VERSAILLES.

Cahier des charges.

Art. 1. Le sieur Tardieu est autorisé à placer sur la voie publique, à ses frais, risques et périls, entre Sèvres et Versailles, en suivant le tracé qui sera fixé par l'administration, des voies ferrées desservies par des chevaux, et à y établir un service d'omnibus.

Les points de départ et d'arrivée dans les localités ci-dessus désignées seront ultérieurement déterminés par l'administration, sur la proposition du concessionnaire.

2. La voie sera simple, à l'exception des localités où il sera reconnu nécessaire d'établir des gares d'évitement.

3. L'emplacement, la disposition, la largeur et les détails de construction des voies ferrées seront déterminés par l'administration, sur le vu des plans détaillés présentés par le concessionnaire, et dans lesquels il aura soin d'indiquer, avec autant d'exactitude que possible, les égouts, leurs bouches et regards, les conduites d'eau et de gaz, et toutes les circonstances de nature à influer sur la position de ces voies et la régularité des divers services qui peuvent en être affectés.

Il en sera de même des bureaux d'attente et de contrôle qui pourront être autorisés sur la voie publique.

En cours d'exécution pendant la durée de la concession, le concessionnaire pourra proposer des modifications aux dispositions adoptées, mais elles ne pourront être effectuées qu'avec l'approbation de l'administration.

De son côté, l'administration pourra ordonner d'office, dans la disposition des voies ferrées, les modifications dont l'expérience ou les chargements à faire sur la voie publique feraient reconnaître la nécessité.

En aucun cas, ces modifications ne pourront donner ouverture à indemnité.

4. Les voies ferrées seront posées au niveau du sol, sans saillie ni dépression, suivant le profil normal de la voie publique et sans aucune altération de ce profil, soit dans le sens traversal, soit dans le sens longitudinal, à moins d'une autorisation spéciale de l'administration.

5. La démolition de chaussées et l'ouverture de tranchées pour la pose et l'entretien des voies seront effectuées avec toute la célérité et toutes les précautions convenables. Les chaussées devront, autant que possible, être rétablies dans la même journée et remises dans le meilleur état.

En cas de négligence, de retard ou de mauvaise exécution, il y serait immédiatement pourvu aux frais du concessionnaire, sans préjudice des poursuites qui pourraient être exercées contre lui pour contravention aux règlements de grande voirie et des dommages-intérêts dont il pourrait être passible envers les tiers, en cas de dommages ou d'accident.

Le montant des avances faites sera recouvré par les rôles que le préfet du département de Seine-et-Oise rendra exécutoires.

6. Le déchet résultant de la démolition et du rétablissement des chaussées sera ouvert par les fournitures de matériaux neufs, de la nature et de la qualité de ceux qui sont employés pour ces chaussées, faites par les soins et aux frais du concessionnaire.

Pour le rétablissement des chaussées pavées au moment de la pose des voies ferrées, le concessionnaire sera tenu de fournir, en outre, la quantité de houtisses nécessaires pour opérer le rétablissement suivant les règles de l'art en évitant l'emploi des demi-pavés.

7. Dans le cas où les voies ferrées seraient posées sur les trottoirs ou contre-allées en terre, le concessionnaire serait tenu d'établir et d'entretenir à ses frais une chaussée empierrée pour la circulation de ses chevaux.

8. Les fers, bois et autres éléments constitutifs des voies ferrées devront être de bonne qualité et propres à remplir leur destination.

9. Le concessionnaire sera tenu de rétablir et d'assurer à ses frais les écoulements d'eau qui seraient arrêtés, suspendus ou modifiés par ses travaux.

Il rétablira de même les accès des communications publiques ou particulières que les travaux l'obligeraient à modifier.

10. Les travaux d'établissement et d'entretien seront exécutés sous la surveillance des ingénieurs de l'administration. Les chantiers devront être éclairés et gardés pendant la nuit. Les travaux seront conduits de manière à nuire le moins possible à la liberté et à la sûreté de la circulation.

Les indemnités pour tout dommage quelconque résultant des travaux ou de l'exploitation des omnibus sont à la charge du concessionnaire.

11. Le concessionnaire devra présenter ses projets dans le délai de deux mois, à compter de la date du décret de concession.

Les voies ferrées devront être achevées et le service sera mis en activité dans le délai de dix-huit mois, après l'approbation des projets.

À mesure que les travaux seront terminés sur les parties de voie, de manière que ces parties puissent être livrées à la circulation, il sera procédé à leur réception par un ou plusieurs commissaires que l'administration désignera ; le procès-verbal du ou des commissaires délégués ne sera valable qu'après homologation par l'administration supérieure.

Après cette homologation, le concessionnaire pourra mettre en service lesdites parties de voie, et y percevoir les prix de transport et les droits de péage ci-après déterminés.

Toutefois, ces réceptions partielles ne deviendront définitives que par la réception générale de la ligne concédée.

Lorsque tous les travaux compris dans la concession seront achevés, la réception générale et définitive aura lieu dans la même forme que les réceptions partielles.

12. Les voies ferrées seront constamment entretenues en bon état, aux frais du concessionnaire et par ses soins. En cas de négligence, il y serait pourvu d'office à ses frais, ainsi qu'il est dit à l'art. 5.

Les frais de visite, de surveillance et de réception des travaux seront à la charge du concessionnaire. Ces frais seront réglés par le ministre, sur la proposition du préfet, et le concessionnaire sera tenu d'en verser le montant dans la caisse du receveur général, pour y être distribués à qui de droit.

Indépendamment de ces obligations, le concessionnaire sera tenu, à partir du commencement des travaux d'établissement de la voie ferrée, de contribuer à l'entretien de la route impériale n° 10 par une subvention annuelle calculée par kilomètre et à raison du nombre de kilomètres sur lequel la perception du tarif sera assise entre Sèvres et Versailles ; cette subvention sera de 500 fr. par kilomètre pour les cinq premières années, de 1,000 pour les cinq années suivantes, de 1.500 fr. de la onzième à la quinzième année inclusivement, et de 2,000 fr. pour les années restant à courir jusqu'à l'expiration de la concession. Ladite subvention devra, dans la première quinzaine du mois de janvier de chaque année, être versée à la caisse du receveur général du département de Seine-et-Oise.

13. Les agents et cantonniers que le concessionnaire établira pour la police et l'entretien des voies ferrées pourront être assermentés, et seront, dans ce cas, assimilés aux gardes champêtres.

14. Les voitures seront du meilleur modèle, suspendues sur ressorts, garnies à l'intérieur de banquettes rembourrées, et fermées à glace.

Ces voitures devront remplir les conditions réglées ou à régler pour les voitures qui servent au transport des personnes.

Il y aura des places de deux classes.

Le concessionnaire se conformera, pour les dispositions des places de chaque classe, aux mesures qui seront arrêtées par l'administration.

15. Pour indemniser le concessionnaire de la dépense et des charges de la présente concession, le gouvernement lui accorde pour un laps de temps de soixante années, à dater de l'époque fixée pour l'achèvement des travaux, l'autorisation de percevoir les droits de péage et les prix de transport ci-après déterminés.

Il est expressément entendu que les prix de transport ne seront dus au concessionnaire qu'autant qu'il effectuerait lui-même ce transport à ses frais et par ses propres moyens.

La perception aura lieu par kilomètre. Toute fraction de 500 mèt. et au-dessus sera comptée pour 1 kilom., et toute fraction inférieure sera négligée.

Le poids de la tonne est de 1,000 kilog. ; les fractions de poids ne seront comptées que par centième de tonne ; ainsi tout poids compris entre zéro et 10 kilog. payera comme 10 kilog. ; entre 10 et 20 kilog. il payera comme 20 kilog., et ainsi de suite.

TARIF. (Par tête et par kilomètre.)	PRIX.		
	de péage.	de transport.	Total.
Voyageurs.			
1re classe	0f05c	0f05c	0f10c
2e classe.	0 035	0 035	0 07
(Par tonne et par kilomèt.)			
Marchandises diverses.	0 07	0 07	0 14

Les enfants au-dessous de quatre ans, tenus sur les genoux, seront transportés gratuitement.

Il en sera de même des bagages et paquets peu volumineux susceptibles d'être portés sur les genoux sans gêner les voisins, dont le poids n'excédera pas 10 kilog.

Les prix déterminés au tarif précédent, en ce qui concerne les marchandises, ne sont point applicables aux objets encombrant, à l'or, à l'argent et autres valeurs, et en général à tous paquets ou colis pesant isolément moins de 50 kilog. Dans tous ces cas, les prix seront arrêtés par l'administration, sur la proposition de la société concessionnaire. Il en sera de même pour les frais accessoires non mentionnés au tarif, tels que ceux de chargement, de déchargement et d'entrepôt.

La perception des taxes devra se faire par le concessionnaire indistinctement et sans aucune faveur. Dans le cas où le concessionnaire aurait accordé à un ou plusieurs expéditeurs une réduction sur l'un des prix portés au tarif, avant de la mettre à exécution, il devra en donner connaissance à l'administration, et celle-ci aura le droit de déclarer la réduction, une fois consentie, obligatoire vis-à-vis de tous les expéditeurs et applicable à tous les articles d'une même nature. La taxe ainsi réduite ne pourra, comme pour les autres réductions, être relevée avant un délai de trois mois.

16. Les tarifs ci-dessus déterminés pourront être révisés tous les cinq ans par l'administration, sans qu'ils puissent toutefois être abaissés au-dessous des trois cinquièmes des prix fixés par l'article précédent.

17. Dans le cas où le concessionnaire jugerait à propos d'abaisser tout ou partie des tarifs, les taxes réduites ne pourront être relevées qu'après un délai de trois mois. Ces changements devront être homologués par un arrêté du préfet du département de Seine-et-Oise.

18. Au moyen de la perception de ces tarifs, le concessionnaire contracte l'obligation d'effectuer le transport des voyageurs et des marchandises avec soin, exactitude et célérité, et, à cet effet, de mettre et d'entretenir en circulation en toute saison le nombre de voitures et de chevaux réclamés par les besoins du service, en se conformant aux arrêtés de M. le préfet du département de Seine-et-Oise.

19. Le concessionnaire ne sera admis à réclamer aucune indemnité,

Ni à raison des dommages que le roulage ordinaire pourrait causer aux voies ferrées ;

Ni à raison de l'état de la chaussée et de l'influence qu'il pourrait exercer sur l'état et l'entretien de ses voies ;

Ni à raison de l'ouverture de nouvelles voies de communication ou de l'établissement de nouveaux services de transport en concurrence avec celui du concessionnaire ;

Ni à raison du trouble et des interruptions de service qui pourraient résulter soit des mesures temporaires d'ordre et de police, soit des travaux exécutés sur la voie publique tant par l'administration que par les compagnies ou les particuliers régulièrement autorisés ;

Ni enfin pour une cause quelconque résultant du libre usage de la voie publique.

20. En cas d'interruption des voies ferrées par suite de travaux exécutés sur la voie publique, le concessionnaire pourra être tenu de rétablir provisoirement les communications, soit en déplaçant momentanément ses voies, soit en les branchant l'une sur l'autre, soit en employant à la traversée de l'obstacle, des voitures ordinaires qui puissent se tourner en suivant d'autres lignes.

21. A moins d'une autorisation spéciale de l'administration, il est interdit au concessionnaire, sous les peines portées par l'art. 419 c. pén., de faire directement ou indirectement, avec des entreprises de transport de voyageurs, sous quelque dénomination ou forme que ce puisse être, des arrangements qui ne seraient pas consentis en faveur de toutes les entreprises ayant le même objet.

22. A l'expiration de la présente concession, et par le seul fait de cette expiration, le gouvernement sera subrogé à tous les droits du concessionnaire dans la propriété des voies ferrées. L'Etat entrera immédiatement en jouissance de ces voies et de leurs dépendances établies sur la voie publique, et le concessionnaire sera tenu de lui remettre le tout en bon état d'entretien. Quant aux objets mobiliers, à l'exception des chevaux, l'Etat sera tenu de prendre, à dire d'experts, ceux qui seront en bon état de service, si le concessionnaire le requiert, et réciproquement, si l'Etat le requiert, le concessionnaire sera tenu de les céder, également à dire d'experts.

Ces dispositions ne sont applicables qu'au cas où le gouvernement déciderait que les voies ferrées devraient être maintenues.

23. Dans le cas où le gouvernement déciderait, au contraire, que les voies ferrées doivent être supprimées, le concessionnaire garderait tous les objets mobiliers ou immobiliers, et serait tenu d'enlever les voies ferrées et de remettre les lieux dans leur état primitif, le tout à ses frais.

Il en serait de même en cas de révocation avant l'expiration de la concession ou de suppression ordonnée à la suite de déchéance.

24. Le gouvernement se réserve expressément le droit d'autoriser sur la même ligne toute autre entreprise de transport usant de la voie ordinaire, et, en outre, d'accorder de nouvelles concessions de voies ferrées s'embranchant sur celles qui font l'objet du présent cahier des charges ou qui seraient établies en prolongement des mêmes voies.

Moyennant le droit de péage tel qu'il est ci-dessus fixé par l'art. 15 et les arrangements qu'ils prendront avec le concessionnaire de la ligne principale, les concessionnaires de ces embranchements ou prolongements pourront, sous la réserve de l'observation des règlements de police, faire circuler leurs voitures sur cette ligne, et réciproquement.

Dans le cas où les concessionnaires ne pourraient s'entendre sur l'exercice de cette faculté, le gouvernement statuerait sur les difficultés qui s'élèveraient entre eux à cet égard.

25. Le gouvernement se réserve, en outre, le droit d'autoriser de nouvelles entreprises de transport sur les voies ferrées qui font l'objet de la présente concession à la charge par les entreprises d'observer les règlements de service et de police, et de payer, au profit du concessionnaire, un droit de circulation qui sera arrêté par l'administration, sur la proposition du concessionnaire, et ne pourra excéder la moitié ni être inférieur au tiers des tarifs. Cette proposition sera soumise à la révision prévue à l'art. 16.

26. Pour la garantie des obligations qui lui sont imposées, le concessionnaire sera tenu de fournir, avant la promulgation du décret de concession, un cautionnement de 25,000 fr., qui ne lui sera rendu qu'après la réception définitive des travaux.

En cas de déchéance de la concession avant cette réception définitive, le cautionnement demeurerait acquis à l'Etat.

27. Faute par le concessionnaire d'avoir présenté ses projets ou d'avoir entièrement exécuté et terminé les travaux dans les délais fixés, et faute aussi par lui de remplir les diverses obligations qui lui sont imposées par le présent cahier des charges, il encourra la déchéance, et, dans ce cas, l'administration, suivant qu'elle le jugera convenable, ordonnera la suppression pure et simple des travaux aux frais du concessionnaire, ou leur adjudication, laquelle sera ouverte sur les clauses du présent cahier des charges et sur une mise à prix des ouvrages déjà construits, des matériaux approvisionnés, des portions de chemins déjà mises en exploitation et des objets mobiliers prévus à l'art. 25.

Le concessionnaire déchu recevra, dans ce dernier cas, du nouveau concessionnaire, la valeur que la nouvelle adjudication aura déterminée.

28. En cas d'interruption partielle ou totale de l'exploitation des voies ferrées, l'administration prendra immédiatement, aux frais et risques du concessionnaire, les mesures nécessaires pour assurer provisoirement le service.

Si dans les trois mois de l'organisation du service provisoire, le concessionnaire n'a pas valablement justifié des moyens de reprendre et de continuer l'exploitation, la déchéance pourrait être prononcée par le ministre des travaux publics.

29. Les dispositions des articles précédents, relatives à la déchéance du concessionnaire, ne lui seraient pas applicables, si le retard ou la cessation des travaux ou l'interruption de l'exploitation, provenaient de force majeure régulièrement constatée.

30. Comme toutes les concessions faites sur le domaine public, la présente concession est toujours révocable sans indemnité, en tout ou partie, avant le terme fixé pour sa durée par l'art. 15.

La révocation ne pourra être prononcée que dans les formes de la présente concession.

31. Le concessionnaire demeure soumis aux règlements généraux de police et de voirie intervenus ou à intervenir, et notamment à ceux qui

seront rendus pour régler les dispositions, l'aménagement, la circulation et le stationnement des voitures du nouveau service.

Les ingénieurs et agents chargés de la surveillance de la voie seront transportés gratuitement dans les voitures du concessionnaire.

52. Le concessionnaire devra faire élection de domicile à Versailles. Dans le cas de non-élection, toute notification ou signification à lui adressée sera valable lorsqu'elle aura été faite au secrétariat général de la préfecture du département de Seine-et-Oise.

53. Les contestations qui s'élèveront entre le concessionnaire et l'administration au sujet de l'exécution ou de l'interprétation du présent cahier des charges seront jugées administrativement par le conseil du département de Seine-et-Oise, sauf recours au conseil d'État.

54. Le concessionnaire sera tenu de déposer à la préfecture de Seine-et-Oise un plan détaillé de ses voies ferrées telles qu'elles auront été exécutées.

Le présent cahier des charges arrêté par le ministre secrétaire d'État au département de l'agriculture, du commerce et des travaux publics, le 27 avr. 1855.

Signé E. Rouher.

Accepté le présent cahier des charges par moi soussigné.

Signé D. Tardieu.

ART. 60.

NAVIGATION. — DROITS. — EXEMPTION. — GRAINS.

5-29 juin 1855. —*Décret impérial qui proroge l'exemption des droits de navigation accordée aux chargements de grains et farines, de riz, de pommes de terre et de légumes secs.*

NAPOLÉON, etc ; — Sur le rapport de notre ministre des finances; — Avons décrété, etc.

Art. 1. L'exemption des droits de navigation accordée jusqu'au 31 juillet prochain par les décrets des 5 sept. et 5 déc. 1853, 24 juin et 9 oct. 1854, aux chargements de grains et farines, de riz, de pommes de terre et de légumes secs, est prorogée jusqu'au 31 déc. 1855.

ART. 61.

BANQUE DE FRANCE. — SUCCURSALE. — ARRAS. — DIJON, — DUNKERQUE.

13-29 juin 1855. — *décret impérial qui autorise la banque de France à établir une succursale à Arras.*

Art. 1. La banque de France est autorisée à établir une succursale à Arras. — Les opérations de cette succursale seront les mêmes que celles de la Banque de France, et seront exécutées sous la direction du conseil général, conformément aux dispositions de l'ord. royale du 27 mars 1841.

Nota. Les mêmes jours, deux décrets ayant des dispositions identiques pour les villes de Dijon et Dunkerque.

A annoter :

= Au *Manuel des notaires*; — note 28, n. 723.

ART. 62.

CHEMIN DE FER. — NANTES. — CHATEAULIN.

20 juin-4 juill. 1855. — *décret impérial qui approuve*
la *convention passée, le 14 juin 1855, pour la concession du chemin de fer de Nantes à Chateaulin, avec embranchement sur Napoléonville.*

Art. 1. La convention provisoire passée, le 14 juin 1855, entre notre ministre de l'agriculture, du commerce et des travaux publics, et la compagnie du chemin de fer de Paris à Orléans, est et demeure approuvée.

2. Les actions ne pourront être négociées qu'après le versement des deux premiers cinquièmes du montant de chaque action.

3. La convention ci-dessus mentionnée restera annexée au présent décret.

Nota. Suit la convention relative à la concession de ce chemin de fer.

Cahier des charges. — V. Bull. des lois, n. 2861, p. 28.

ART. 63.

DOUANES. — IMPORTATION. — CAROUBES.

23 juin-4 juill. 1855. —*décret impérial qui fixe le droit d'importation des caroubes ou carouges.*

NAPOLÉON, etc. ; — Sur le rapport de notre ministre de l'agriculture, du commerce et des travaux publics ; — Vu l'art. 34 de la loi du 17 déc. 1814 ; — Avons décrété, etc. :

Art. 1. Le droit à l'importation des caroubes ou carouges est établi ainsi qu'il suit :

Par navires français. 6f 25c	les 100 kilog.
Par navires étrangers. 1 00	

ART. 64.

OR. — ARGENT. — MARQUE DE GARANTIE. — TOULOUSE. — STRASBOURG.

23 juin-4 juill. 1855. — *décret impérial portant :*

Art. 1. Les bureaux de garantie de Toulouse et de Strasbourg sont ajoutés à ceux que désignent les lois des 2 juill. 1856, 14 juin 1845 et 22 juin 1846, pour l'essai et la marque des montres de fabrique étrangère, importées sous le paiement des droits et l'accomplissement des formalités exigées.

ART. 65.

LAINES. — CHAMBRE DE COMMERCE. — LYON.

22 juin-5 juill. 1855. — *décret impérial qui autorise la chambre de commerce de Lyon à établir un bureau public pour le conditionnement des laines.*

Art. 1. La chambre de commerce de Lyon est autorisée à établir un bureau public pour le conditionnement des laines, dont les opérations seront facultatives pour le commerce.

Sont approuvés les statuts de cet établissement tels qu'ils sont annexés au présent décret et dont une expédition restera déposée aux archives du ministère de l'agriculture, du commerce et des travaux publics.

Nota. Suit le statut pour le conditionnement des laines de Lyon

ART. 66.

DOUANES. — NAVIRES ÉTRANGERS. — CÉRÉALES.

23 juin-5 juill. 1855. — décret impérial qui proroge la faculté accordée aux navires étrangers d'effectuer le transport des grains et farines, du riz, des pommes de terre et des légumes secs, entre l'Algérie et la France.

NAPOLÉON, etc. ; — Vu le décret du 21 oct. 1854, — Avons décrété, etc.

Art. 1. La faculté accordée par le décret susvisé aux navires étrangers d'effectuer, jusqu'au 31 juill. prochain, le transport des grains et farines, du riz, des pommes de terre et des légumes secs, entre l'Algérie et la France, est prorogée jusqu'au 31 déc. 1855.

2. Quelle que soit la date de leur arrivée à destination, les navires étrangers ainsi chargés jouiront du bénéfice de la prorogation accordée par l'art. 1, pourvu qu'ils aient quitté leur point de départ antérieurement au 31 déc. 1855.

ART. 67.

DOUANES. — ALGÉRIE. — EXPORTATION.

23 juin-5 juill. 1855. — décret impérial portant :

Art. 1. L'interdiction prononcée par le décret susvisé, à l'égard des céréales de l'Algérie (blé et orge) exportées à destination des pays étrangers est prorogée jusqu'au 31 déc. 1855.

ART. 68.

EMPRUNT NATIONNAL. — 750 MILLIONS.

11 juill. 1855, promulg. le 12. — Loi qui autorise le Ministre des finances à emprunter une somme de 750 millions.

Art. 1. Le ministre des finances est autorisé à faire inscrire, sur le grand livre de la dette publique, la somme de rentes nécessaire pour produire, aux taux de la négociation, un capital de 750 millions de francs.

Le supplément nécessaire pour faciliter, s'il y a lieu, la liquidation des souscriptions et convrir les frais d'escompte résultant des anticipations de payement, ne pourra excéder en capital, la somme de 30 millions de francs.

Les rentes à inscrire en vertu des deux paragraphes précédents pourront être aliénées à l'époque, de la manière, dans les fonds, aux taux et aux conditions qui concilieront le mieux les intérêts du trésor avec la facilité des négociations.

Un fonds d'amortissement du centième du capital nominal des rentes créés en vertu de l'autorisation qui précède sera ajouté à la dotation de la caisse d'amortissement.

2. Les produits de l'emprunt seront affectés, à titre de ressource extraordinaire, aux besoins des exercices 1855 et 1856.

A annoter :

— Au Recueil des lois ; — art. 75.

Art. 69.

RECRUTEMENT DE L'ARMÉE. — APPEL D'HOMMES. CLASSE DE 1855.

11 juill. 1855, promulg. le 12. — Loi portant qu'il sera fait, en 1856, un appel de 140,000 hommes, sur la classe de 1855.

Art. 1. Il sera fait, en 1856, un appel de cent quarante mille hommes, sur la classe de 1855, pour le recrutement des troupes de terre et de mer.

2. La répartition de ces cent quarante mille hommes entre les départements sera faite, par un décret de l'empereur, proportionnellement au nombre des jeunes gens inscrits sur les listes de tirage de la classe appelée.

3i, par suite de circonstances extraordinaires, le nombre des jeunes gens inscrits sur les listes de tirage de quelques cantons ou départements ne peut être connu dans le délai qui aura été déterminé par un décret de l'empereur, ce nombre sera remplacé, pour les cantons ou départements en retard, par la moyenne des jeunes gens inscrits sur les listes de tirage des dix classes précédentes.

Le tableau général de la répartition sera inséré au Bulletin des lois.

3. La sous-répartition du contingent assigné à chaque département aura lieu, entre les cantons, proportionnellement au nombre des jeunes gens inscrits sur les listes de tirage de chaque canton.

Elle sera faite par le préfet, en conseil de préfecture, et rendue publique, par voie d'affiches, avant l'ouverture des opérations des conseils de révision.

Dans le cas où les listes de quelques cantons ne seraient pas parvenues au préfet en temps utile, il sera procédé, pour la sous-répartition, à l'égard des cantons en retard, de la manière indiquée au deuxième paragraphe de l'art. 2 ci-dessus.

4. Les jeunes gens placés sous la tutelle des commissions administratives des hospices seront inscrits sur les tableaux de recensement de la commune où ils résident au moment de la formation de ces tableaux, ainsi qu'il a été réglé par la loi du 26 déc. 1849.

A annoter :

— Au Recueil des Lois : — art. 9.

ART. 70.

ARMÉE. — CHASSEURS D'AFRIQUE.

27 juin-14 juill. 1855. — décret impérial qui crée un septième et un huitième escadron dans chacun des quatre régiments de chasseurs d'afrique.

NAPOLÉON, etc. ; — Vu les ord. des 19 févr. et 17 nov. 1831, 31 août 1839, et 8 sept. 1841 ;

Considérant qu'il importe de constituer les dépôts des régiments de chasseurs d'Afrique assez solidement pour qu'ils puissent à la fois alimenter utilement leurs escadrons de guerre en Crimée, et concourir, d'une manière efficace, à la sécurité de l'Algérie ;

Sur le rapport de notre ministre de la guerre ; — Avons, etc.

Art. 1. Il est créé un septième et un huitième escadron dans chacun des quatre régiments de chasseurs d'Afrique.

Les cadres de ce septième et de ce huitième escadron seront composés de la même manière que ceux actuellement existants.

2. Il est également créé dans chacun de ces régiments :

11

1° Grand état-major.

Un quatrième emploi de chef d'escadron ;
Un quatrième emploi de capitaine adjudant-major ;
Un troisième emploi de médecin-major ;
Un troisième emploi d'aide-vétérinaire.

2° Petit état-major.

Un nouvel emploi d'adjudant sous-officier.

ART. 71.

DOUANES. — COLONIES. — VANILLES.

7-14 juill. 1855. — décret impérial relatif à l'admission en France, en exemption de droits, des vanilles originaires des colonies françaises des Antilles, de la Guyane et de Mayotte.

NAPOLÉON, etc. ; Sur le rapport de notre ministre de l'agriculture, du commerce et des travaux publics ; — Vu l'art. 34 de la loi du 17 déc. 1814 ; — Vu l'ord. du 14 nov. 1847 ; — Avons, etc.

Art. 1. Les vanilles originaires des colonies françaises des Antilles, de la Guyane et de Mayotte seront admises en France, en exemption de droits, lorsqu'elles seront directement importées par navires français et accompagnées de certificats authentiques constatant leur origine.

2. Des recensements effectués chaque année à Mayotte par les autorités locales détermineront les quantités de vanille de cette colonie auxquelles sera applicable le bénéfice de la disposition qui précède.

ART. 72.

IMPOTS. — ALCOOL. — CHEMIN DE FER.— DÉCIME DE GUERRE.

14-15 juill. 1855. — Loi qui autorise l'établissement de divers impôts.

Élévation du droit de consommation sur l'alcool.

Art. 1. A partir du 1er août 1855. le droit général de consommation par hectolitre d'alcool pur contenu dans les eaux-de-vie et esprits en cercles, par hectolitre d'eaux-de-vie et esprits en bouteilles, de liqueurs en cercles et en bouteilles, et de fruits à l'eau-de-vie, sera fixé à 50 fr. en principal.

Les débitants établis dans les villes qui sont soumises à une taxe unique, les débitants établis en tous autres lieux et qui payent le droit général de consommation à l'arrivée, conformément à l'art. 41 de la loi du 21 avril 1832, seront tenus d'acquitter, par hectolitre, un complément de 16 fr. en principal, sur les quantités qu'ils auront en leur possession, à l'époque où les dispositions du présent article seront exécutoires, et qui seront constatées par voie d'inventaire.

2. A dater de la promulgation de la présente loi, la taxe de remplacement, aux entrées de Paris, sera portée à 66 fr. en principal, par hectolitre d'alcool pur contenu dans les eaux-de-vie et esprits en cercles, par hectolitre d'eaux-de-vie et esprits en bouteilles, de liqueurs en cercles et en bouteilles, et de fruits à l'eau-de-vie.

Élévation de l'impôt sur le prix des places des voyageurs transportés par les chemins de fer, et perception du dixième sur le prix des marchandises, transportées à grande vitesse.

3. A dater du 1er août 1855, le dixième dû au trésor public sur le prix des places des voyageurs transportés par les chemins de fer sera calculé sur le prix total des places.

Il sera, en outre, perçu, au profit du trésor public un dixième du prix payé aux compagnies de chemins de fer pour le transport à grande vitesse des marchandises et objets de toute nature.

Les tarifs des compagnies seront accrus du montant des taxes nouvelles résultant du présent article.

4. A partir de la même époque, la loi du 2 juill. 1838 sera et demeurera abrogée.

Perception temporaire d'un nouveau décime.

5. Le principal des impôts et produits de toute nature soumis au décime par les lois en vigueur sera augmenté d'un nouveau décime, à dater de la promulgation de la présente loi, jusqu'au 1er janv. 1858.

À annoter :

= Au *Manuel des notaires*; — note 19, n° 1. 4, 31, 32.

ART. 73.

IMPOTS. — LOI. — PUBLICATION.

14-15 juill. 1855. — décret Impérial relatif à la publication de la loi du 14 juillet 1855, qui autorise l'établissement de divers impôts.

NAPOLÉON, etc. — Vu la loi du 14 juillet 1855 ; — Vu les ord. des 27 nov. 1816 et 18 janv. 1817, concernant la promulgation des lois ; — Sur le rapport de notre ministre de la justice ; — Avons...., etc.

Art. 1. La publication de la loi du 14 juill. 1855, relative à l'établissement de divers impôts, sera faite conformément aux dispositions de l'art. 4 de l'ord. du 27 nov. 1816 et de celle du 18 janv. 1817.

A annoter

= Au *Manuel des notaires* ; — note 222, n. 33.

ART. 74.

ARMÉE. — OFFICIERS D'ADMINISTRATION. — SUBSISTANCE MILITAIRE.

30 juin-15 juill. 1855. — décret impérial qui fixe le cadre des officiers d'administration des subsistances militaires.

NAPOLÉON, etc. ; — Vu les décrets des 9 janv. 1852, et 14 août 1854 ; — Sur le rapport de notre ministre de la guerre. — Avons......, etc.

Art. 1. Le cadre des officiers d'administration des subsistances militaires est fixé ainsi qu'il suit, savoir :

Officiers d'administration principaux.		12		
Officiers d'admin. comptables.	de 1re classe.	70	} 155	
	de 2e classe.	85		} 400
Adjudants d'administration.	en premier.	115	} 233	
	en second.	118		

2. La faculté ouverte par l'art. 2 de notre décret du 14 août 1854 est maintenue tant que les circonstances de guerre l'exigeront.

ART. 75.

EMPRUNT OTTOMAN.

17-19 juill. 1855. — Loi portant ;

Article unique. Le ministre des finances est autorisé à garantir, au nom du trésor de France, et aux conditions stipulées dans la convention conclue, le 27 juin 1855, entre Sa Majesté l'Empereur et Sa Majesté Britannique, d'une part, et de l'autre, Sa Majesté le Sultan, l'emprunt de 5 millions de livres sterling qui sera contracté par le gouvernement ottoman .

A annoter

➡ *Au Recueil des lois* ; — art. 68.

ART. 76.

TÉLÉGRAPHE SOUS-MARIN. — Intérêts, — Garantie.

17-19 juill. 1855. — Loi portant :

Article unique. L'intérêt garanti par l'art. 7 de la convention du 2 mai 1855, entre le ministre de l'intérieur et M. John Watkins Brett, pour la construction du télégraphe sous-marin de la Méditerranée, est élevé de 4 p. 100 à 5 p. 100.

ART. 77.

DOUANES, — Importation. — Mélasse.

14-21 juill. 1855. — Décret impérial relatif à l'importation des mélasses destinées à la distillation,

Napoléon, etc. ; — Sur le rapport de notre ministre de l'agriculture, du commerce et des travaux publics ; — Vu notre décret du 20 déc. 1854 ; — Avons...., etc.

Art. 1. Jusqu'à ce qu'il en soit autrement ordonné, le régime à l'importation des mélasses destinées à la distillation est établi, ainsi qu'il suit :

Mélasses importées pour être converties en alcool sous le régime déterminé par notre décret du 20 décembre 1854......	Par navires français	des colonies françaises.., de l'inde, de l'Amérique méridionale et des Antilles. . . . . d'ailleurs . . . . 2 f	Exempts
	par navires étrangers . . . 3		les 100 k.

ART. 78.

DOUANES. — Fonte. — Débris. — Franchise.

14-21 juill. 1855. — Décret impérial qui autorise l'admission, en franchise, des débris de fonte au dessous de 15 kilog. des vieux moulages hors de service, etc ; expédiés de l'île de Corse sur le continent français,

Napoléon, etc. ; etc — Sur le rapport de notre ministre de l'agriculture, du commerce et des travaux publics ; — Vu les art. 6 et 7 de la loi du 21 avr- 1818 ; — Vu l'art. 2 de la loi du 26 juin 1865 ; — Vu les art 6 et 7 de la loi du 6 mai 1831 ; — Avons..,, etc.

Art. 1. Les débris de fonte au-dessous de 15 kilog., les vieux moulages hors de service et les débris de fer et de tôle expédiés de l'île de Corse sur le continent français, seront admis en franchises de droits, sous les conditions déterminées par l'art. 7 de la loi du 6 mai 1841, par les bureaux ouverts à la libre entrée des produits de la Corse, ainsi que par les bureaux d'Arles et de Bouc.

2. Les ferrailles étrangères importées en Corse y seront soumises au droit du tarif général.

ART. 79.

DOUANES. — Importation. — Droits. — Modification,

16-21 juill. 1855.— Décret impérial relatif aux douanes.

Napoléon, etc.;— Sur le rapport de notre ministre de l'agriculture, du commerce et des travaux publics ; — Vu l'art. 54 de la loi du 17 déc. 1814 ; — Avons..., etc.

Art. 1. Les droits à l'importation sont établis ou modifiés ainsi qu'il suit à l'égard des marchandises ci-après désignées :

Amomes ou cardamomes.		Mêmes droits que les fruits médicinaux non dénommés.
Bol d'Arménie et terre de Lemnos.		Mêmes droits que les pierres et terres non dénommées.
Bulbes et oignons.		Mêmes droits que les légumes verts.
Cadmium brut.		2 fr. les 100 kilog.
Cailloux et sable à verre, à faïence et à porcelaine.		Mêmes droits que les pierres et terres non dénommées.
Camphre brut.	par navires français,	de l'Inde. . . . . 20ᶠ des Pays hors d'Europe. . . . . . 50 des entrepôts. . . . . 40 les 100 kil.
	par navires étrangers.	des pays hors d'Europe. 50
Caoutchouc et gutta-percha, bruts ou refondus, en masse.	par navires français,	des entrepôts. . . . . . . 5ᶠ Exempts. les 100 kil.
	par navires étrangers.	. . . 10
Ouvrages en caoutchouc ou en gutta-percha (autres que les instruments de chirurgie).	simplement refondus.	Purs. . . . . 20ᶠ Mélangés avec d'autres matières. . . . 50 les 100 kil.
	Combinés avec, ou appliqués sur d'autres matières, sauf les tissus en pièces.	 200
Casse sans apprêt et tamarins (gousses et pulpes)		Mêmes droits que les fruits médicinaux non dénommés.
Cendres et regrets d'orfèvre.		Mêmes droits que les pierres et terres non dénommées.

Coquillages nacrés.

Nacre de perle sans distinction de la nacre dite *franche* ou *bâtarde*.	en coquilles brutes,	par navires français,	des pays situés au delà des caps Horn et de Bonne-Espérance.	Exempts.
			d'ailleurs.	15f } les 100 kil.
		par navires étrangers.		25
	sciée ou dépouillée de sa croûte.			Le double des droits ci-dessus.
Haliotides dites *oreilles de mer*.	par navires français.			Exemptes.
	par navires étrangers.			3f les 100 kil.

Craie. . . . . Mêmes droits que les pierres et terres non dénommées.

Dents d'éléphant.	Défenses entières ou en morceaux.	par navires français,	des pays hors d'Europe.	Exemptes.
			d'ailleurs.	30f } les 100 kil.
		par navires étrangers.		60
	Mâchelières,	par navires français,	des pays hors d'Europe.	Exemptes.
			d'ailleurs.	5f } les 100 kil.
		par navires étrangers.		10

Dents de loup. . . . . Mêmes droits que les os et sabots de bétail.

Derle ou terre à porcelaine. . . . . . . Mêmes droits que les pierres et terres non dénommées.

| Drilles. | par navires français et par terre. | | | Exemptes. |
| | par navires étrangers. | | | 1f les 100 kil. |

Écailles de tortue.	Carapaces, onglons et caouanes,	par navires français,	des pays hors d'Europe.	Exemptes.
			d'ailleurs.	50f } les 100 kil.
		par navires étrangers.		60
	Rognures.			Moitié des droits ci-dessus.

Écorces médicinales non dénommées. . . . . . . Mêmes droits que les écorces de quinquina.

Écorces de pin, d'aulne, de grenade et de bourdaine. . . . . . Mêmes droits que les écorces à tan.

| Engrais non dénommés. | par navires français et par terre. | | | Exempts. |
| | par navires étrangers. | | | 0f 50c les 100 kil. |

Etain brut. . . . . . par navires français, de l'Inde. . . . . . . Exempts.

| Foin, pailles et herbes de pâturage. | par navires français et par terre. | | | Exemptes. |
| | par navires étrangers. | | | 0f 30c les 100 kil. |

Fleurs médicinales non dénommées	par navires français	des pays hors d'Europe.	Exemptes.
		des entrepôts.	10f } les 100 kil.
	par navires étrangers.		20

Fruits médicinaux non dénommés	par navires français,	des pays hors d'Europe.	Exempts.
		des entrepôts.	10f } les 100 kil.
	par navires étrangers.		20

Graine de moutarde. . . . . Mêmes droits que les graines oléagineuses non dénommées.

| Groisil. | par navires français et par terre.: | | | Exempt. |
| | par navires étrangers. | | | 1f les 100 kil. |

Groison. . . . . Mêmes droits que les pierres et terres non dénommées.

Herbes médicinales non dénommées et herbes de schœnanthe.	par navires français,	des pays hors d'Europe.	Exemptes.
		d'ailleurs.	10f } les 100 kil.
	par navires étrangers.		20

Houblon. . . . . 45 fr. les 100 kilog.

Manganèse. . . . . Mêmes droits que les pierres et terres non dénommées.

Marbres blancs statuaires originaires et importés de Grèce. . . . . Mêmes droits que les marbres de l'espèce originaires et importés d'Italie.

Marne. . . . . Mêmes droits que les pierres et terres non dénommées.

Matériaux non dénommés, sauf la chaux pour engrais et les écossines brutes ou équarries autrement que par le sciage, qui demeurent soumises au droit actuel,
Noir minéral naturel, ...
Ocres, ... Mêmes droits que les pierres et terres non dénommées.
Oxyde de fer (colcotar). . . . .
Pierres à aiguiser brutes. . . . .

Pierres et terres non dénommées. . . .	{ par navires français et par terre.	. . . . Exemptes.
	{ par navires étrangers.	1f les 100 kil.
Pierres ferrugineuses autres que l'émeri..	}	
Pierres à feu.	}	Mêmes droits que les pierres
Pierres à chaux brutes.	}	et terres non dénommées.
Pierre de touche.	}	
Pierre ponce	}	
Pistaches		Mêmes droits que les fruits secs ou tapés.
Poivre et piment des colonies françaises autres que la Guyane.		Mêmes droits que le poivre et le piment de la Guyane.

Quercitron	. . . .	{ par navires français,	{ des pays hors d'Europe.	2f
			{ des entrepôts.	4 } les 100 kil.
		{ par navires étrangers.		6
Racines médicinales non dénommées,	{ par navires français,	{ des pays hors d'Europe.	Exemptes.
		{ par navires étrangers, ...	10f } les 100 kil.
			20
Rhubarbe.	{ par navires français,	{ de l'Inde.	35
		{ d'ailleurs, hors d'Europe.	45
		{ des entrepôts, ...	55 } les 100 kil.
	{ par navires étrangers.		65
Sable commun pour la bâtisse.		Mêmes droits que les pierres et terres non dénommées.
Sagou et salep..	{ par navires français,	{ de l'Inde.	5f
		{ d'ailleurs, hors d'Europe.	10
		{ des entrepôts.	15 } les 100 kil.
	{ par navires étrangers, ...		20

Spath.	}	
Sulfate de baryte.	}	Mêmes droits que les pierres
Talc brut en masse.	}	et terres non dénommées.
Terre de pipe.	}	
Tripoli ou alana.	}	

2. Les marchandises ci-après dénommées sont affranchies de droits à l'entrée, quels que soient la provenance et le mode d'importation.

Absinthe.
Acétate de fer liquide.
Agates brutes-
Agaric de chêne ou amadouvier brut.
Agaric de mélèze
Amurca.
Anes et ânesses,
Animaux non dénommés.
Antate.
Arsenic (métal).
Barbotine ou semencine.
Bézoards.
Bois à brûler en bûches ou en rondins.
Bois à brûler en fagots.
Bois de fustet.
Boues et chèvres.
Bourre de laine, lanice et tontisse.
Boyaux frais ou salés
Brou de noix.
Bruyères à vergettes brutes.
Calebasses vides.
Cendres végétales, vives ou lessivées.
Champignons, morilles et mousserons,
Chardons cardières,
Cheveux
Chevreaux.
Chiens,
Cloportes desséchés,
Cornes de cerf et de suack.
Cristal de roche brut.
Diamants bruts.
Ecailles d'ablettes.
Ecorces de citron et d'orange.
Ecorces de tan non moulues.
Ecorces de tilleul pour cordages,
Feuilles propres à la teinture et à la tannerie non dénommées,
Fleurs de lavande et d'oranger, même salées.

Garou (racine de)
Gaude.
Genestrolle,
Gibier.
Glu.
Gommes pures d'Europe.
Grignon,
Gui de chêne.
Jais.
Joncs et roseaux d'Europe de jardins et non dénommés.
Kermès en grains ou graines d'écarlate.
Légumes verts.
Levure de bière.
Lichens, autres que ceux propres à la teinture,
Lie de vin.
Lycopode.
Marc de raisin,
Marc de roses.
Meules à moudre, de toutes dimensions.
Moelle de cerf.
Mottes à brûler.
Nerf de bœufs et autres animaux.
Nickel brut.
Objets de collection hors de commerce.
Œufs de vers à soie.
Œufs de volailles et de gibier.
Orcanette.
Os de cœur de cerf et os de sèche.
Osier en bottes.
Oxyde de cobalt pur ou siliceux (safre)
Oxide de cuivre.
Oxide d'étain.
Oxyde de zinc gris cendré (tuthie ou cadmie/.
Pastel (tiges et feuilles de).
Peaux de lapins brutes.
Peaux de lièvres brutes.
Perles fines.
Pieds d'élan.
Pierres gemme brutes.
Plants d'arbres,
Poil de Messine.
Poisson d'eau douce, frais,

Pommes et poires écrasées.
Presle
Présure.
Racines à vergettes.
Râpures de cornes de cerf et d'ivoire.
Résidu de cire.
Ruches à miel, avec essaims vivants.
Sang de bétail.
Sang de bouc desséché.
Sarrette.
Sels de cobalt de toute sorte.
Soie en cocons.
Succins.

Tiges de millet pour balais.
Tortues.
Tourbe crue ou carbonisée.
Tourteaux de graines oléagineuses.
Truffes fraîches, marinées ou sèches.
Vessie de cerf et autres.
Vessies natatoires de poisson, brutes ou simplement desséchées.
Vipères.
Volailles.
Yeux d'écrevisses.

Exportation.

3. Les droits établis à la sortie des bois d'ébénisterie et du mâchefer sont et demeurent supprimés.

FIN DE LA 1ʳᵉ PARTIE DU TOME 2ᵉ. — ANNÉE 1855.

TABLE CHRONOLOGIQUE ET ANALYTIQUE

Des Lois, Décrets, Sénatus-Consultes et Actes Législatifs, contenus dans le Recueil de l'année 1855.

TABLE ALPHABÉTIQUE

Des Matières du Recueil des Lois, Décrets, Senatus-Consultes et Actes Législatifs, contenus dans le Recueil de l'année 1855.

ERRATA.

Art. 1. page 8. ligne 5, au lieu de 12, mettez 21.
page 29-30, en tête, au lieu de *art*. 10. mettez *art*. 11.
page 31 en tête, au lieu de *art*. 8, mettez 12, 13, 14.
Art. 14, page 32, avant dernière ligne, au lieu de 200, mettez 11.
page 33, au bas, mettez ; *Recueil des Lois. mai* 1855.
Art. 24, page 42, avant dernière ligne, au lieu de *note* 122, mettez 121.
Art. 30, page 46, ligne 2, au lieu de 1er *mai* 1855, mettez 1856.
Art. 42, page 60, dernière ligne, avant, *en marge*, mettez *art*. 29.